좌절하지 How to 않고
Overcome
포기하지 Failure 않고
성장에 이르게 하는 힘

실패의 실력

홍선기 지음

의미와
재미

『어쩌면 가능한 만남들』이라는 책을 읽어 본 적이 없는 사람은 아마 저에 대해 잘 모를 것입니다. 그렇다 하더라도 그건 그리 중요한 일은 아닙니다. 그 책은 '클럽죽돌이'였던 한 청년이 23살에 20만 원으로 시작해서 1년 동안 세계여행을 하며 만났던 사람들에 관한 이야기였습니다. 한국으로 돌아온 그 청년은 에필로그에서 부모님께 이런 말을 합니다.

"저, 다음 달에 사업자등록증 내려고 합니다."

그리고 가장 마지막 문단에서 스스로에게 이렇게 말하며 마무리 지었습니다.

"어쩌면 처참하리만큼 커다란 실패가 잔뜩 심술궂은 표정으로 기다리고 있을지도 모른다. 하지만 각오도 되어 있다. 실패는 해도 포기는 하지 않을 것이다."

그 청년에게 미래의 일을 알 수 있는 능력이라도 있었던 걸까요? 아니면 역시 '말이 씨가 된다'일까요? 이후로 10년간 정말 적잖이 실패했습니다. 아니, 실패하고 있습니다. 10년, 긴 세월입니다.

별명짓기를 좋아하는 얄미운 친구 녀석들은 '프로실패러'라던가 '실패몬'이라는 지금 누구 놀리나 싶은 별명도 붙여줬습니다.

네, 뭐 어쨌든. 그래서 지금은 '실패' 이야기를 하려 하고 있습니다. 앞으로 10년 뒤에는 더 풍성한(?) 실패담으로 돌아올지도 모를 일이지만, 기왕이면 그때는 성공담이었으면 하는 작은 바람도 있습니다.

실패를 묻어둔 아픈 기억을 굳이 헤집고 끄집어내어 정리하고 그것을 타인에게 적나라하게 내보이는 일은 정신적으로나 육체적으로나 결코 쉽지 않은 과정이었습니다. 과거 회상이 아닌, 여전히 희망과 절망 사이를 오가는 현재진행형이니 더더욱 그럴 수밖에 없지요.

레프 톨스토이는 소설 『안나 카레니나』의 첫머리에서 이렇게 말했습니다. "행복한 가정은 모두 비슷한 모습으로 행복하지만, 불행한 가정은 저마다의 사연으로 불행하다"

이 말의 형식을 빌려와 성공과 실패에 대해 이렇게 표현하고자 합니다.

"성공한 사람은 비슷한 이유로 성공하지만, 실패하는 사람은 저마다 사연으로 실패한다."

세상에는 우리 인구수만큼이나 다양한 진로와 이를 위한 도전이 있습니다. 각자의 도전에는 수많은 성공이 있고 그보다 더 많은 실패가 있을 거라고 생각합니다. 그 하나하나의 실패 또한 저마다의 사연이 있을 것입니다.

그렇기에 지극히 개인적인, 그리고 주관적인 한 인간의 실패담이 세상 모든 종류의 실패를 대변하지도 대표한다고도 감히 생각하지 않습니다. 누구에게나 적용 가능한 보편성 같은 건 없을지도 모릅니다. 설령 그것이 보편적일지라도 실패의 요인을 분석하고 배제한다고 하여 반드시 성공으로 이어진다는 보장도 없습니다.

당연한 이야기지만, 이 글을 읽는다고 하여 당장 '경제적 자유'를 얻고 '파이어족'이 된다거나 곧바로 '연쇄성공마'가 되는 일 같은 건 없습니다. 그저 순전히 실패를 경험하며 얻은 것, 즉

'실패의 전리품'을 공유하기 위해서 이 이야기를 시작합니다.

프랑스 경제학자 프랑수아 케네는 "실패를 함구하는 건 성공을 뽐내는 것보다 더 나쁘다"라고 말했습니다.
10여 년 넘는 시간 동안 각별한 노력을 들이고 어마어마한 비용까지 지불하면서 간신히 얻은 전리품입니다. 동시대를 살아내고 있는 친구들, 후배들에게 제대로 전달할 수만 있다면, 최소한 나와 같은 이유로 실패하고 좌절하며 가슴 아파하는 일만은 막아줄 수 있을 것입니다.

이 글이 여러분에게 위안과 격려, 그리고 새로운 동기부여가 되기를 진심으로 바랍니다. 동시에 이 실패에 관한 이야기가 앞으로 있을 당신의 새로운 도전과 모험에 작은 나침반이 될 수 있기를. 온 마음을 다해 간절히 희망합니다.

Contents

목차

PART 1.
성공이라는, 착각

PART 2.
실패의, 이유

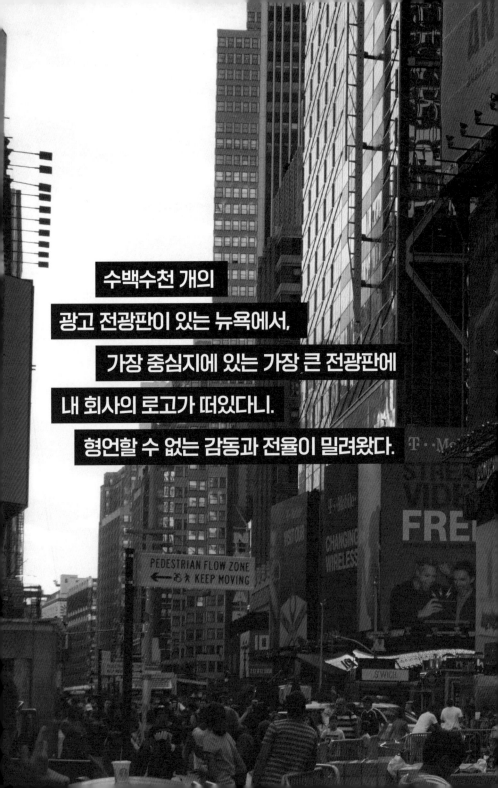

수백수천 개의

광고 전광판이 있는 뉴욕에서,

가장 중심지에 있는 가장 큰 전광판에

내 회사의 로고가 떠있다니.

형언할 수 없는 감동과 전율이 밀려왔다.

21ST CENTURY FOX
www.Askculture.com
SONY
FILA + UO
AVAILABLE EXCLUSIVELY AT URBAN OUTFITTERS
URBAN OUTFITTERS HERALD SQUARE
35TH AND BROADWAY
URBANOUTFITTERS.COM
PERFORM
NYPD
NEW YORK POLICE DEPT

뉴욕 타임스스퀘어에
광고하는,
글로벌 컴퍼니 대표

와튼과
스탠퍼드 강단에 선,
강연자

사우디아라비아 왕실로부터
초청받은,
VIP

대통령이
만나고 싶어 하는,
벤처기업인

인심 후하고
잘 베푸는,
멋진 선배

How to Overcome
Failure

방송가 핫플레이스
루프탑 카페하루의,
호스트

드림카를 소유한,
오너드라이버

PART 1
성공이라는,
착각

introduction

development

turn

conclusion

뉴욕 타임스스퀘어에 광고하는,
글로벌 컴퍼니 대표

광고 전광판 스크린에 우리 회사의
로고와 애플리케이션 구동 화면이
떠 있었다. 그대로 1분 남짓
완전히 얼어붙은 채 멍하니
전광판을 바라봤다.

성공이라는, 착각

이른 봄이었다. 가로수의 잔가지는 앙상하게 벌거벗고 오직 목련만이 이제 막 하얀 꽃망울을 터뜨리고 있었다. 겨울의 끝자락에서 봄을 향해 반 발짝 다가가는 그런 계절이었다.

한국문화 공유 플랫폼 애스크컬쳐AskCulture도 이제 막 작은 꽃을 만개하려던 시기이기도 했다.

"제임스, 우리 회사 광고, 맨해튼에 있는 전광판에서 하려면 광고비가 어느 정도 될까요?"

미국 현지에서 사업을 도와주고 있는 제임스에게 반쯤은 지나가는 말로 뉴욕에서 광고를 하고 싶다고 말했다. 제임스는 하루도 안돼서 맨해튼에 있는 모든 전광판들의 광고단가와 그 전광판을 소유하고 있는 광고회사들의 정보를 정리해서 보내 줬다.

"이건 공식 단가입니다. 미국 현지에서는 애플이나 마이크로소프트 같은 초일류 대기업조차도 그런 가격에 계약하지는 않아요. 다들 전광판을 소유한 광고회사들과 네고negotiation를 하죠. 저도 광고회사들에게 연락해서 광고료 조정을 해 볼게요. 우선 어디에 할지 결정하시고 알려주세요."

"여기에도 가능할까요?" 나는 영화와 드라마에서 늘 보던 타임스스퀘어 정중앙의 전광판을 콕 집어 물었다.

"와-우, 맨해튼에서 제일 중심가에 있는 가장 큰 전광판에요?"

"네, 공식 견적서에는 금액이 없던데, 더 비싸겠죠?"

"당연히 가장 비쌀 거예요. 어느 정도의 예산을 쓸 계획인지 구체적으로 알려주시면 제가 그쪽 광고 에이전시에 연락해보겠습니다."

제임스의 말을 듣고 곰곰이 생각한 끝에 그 해에 쓰려고 했던 홍보비 예산을 알려줬다. 휴대전화 너머로 그의 헛기침 소리가 들렸다. 제임스는 일주일 정도 시간을 달라고 했고 정확히 일주일 뒤, 그에게서 전화가 왔다.

"알려주셨던 예산으로 올해 9월, 그 자리에서 광고하기로 얘기 잘 마무리 지었습니다. 한 달 동안 24시간 내내 노출되는 광고입니다." 제임스는 잠시 숨을 고른 후 다시 말을 이었다. "다른 기업들 4곳과 함께 하게 되고요. 매 5분마다 1분씩 우리 광고가 노출됩니다. 광고 영상은 30초짜리 2개 혹은 1분짜리 1개로 보내주면 된다고 합니다."

"히-야." 진심으로 감탄하며 말했다.

"밀져야 본전이라는 생각으로 한번 물어나 본 건데 진짜로 그 금액에 협상을 했어요?"

"다행히 대화가 잘 통했습니다." 그는 늘 그랬듯 자신의 능력을 조금도 과장하지 않고 겸손하게 답했다.

"같이 광고하게 되는 다른 기업들은 어디예요?" 내가 물었다.

"아마존, 마블의 신작 영화 예고편, 비디오 게임 〈파이널 판타지 15편〉의 트레일러, 그리고 코카콜라예요." 제임스가 답했다. 하나같이 초일류 기업이자 현시대에 가장 핫한 상품을 가진 회사였다. 그런 회사들과 우리 회사가 나란히 있을 수 있다는 건 상상만으로도 가슴 벅찬 일이다.

"다만, 그쪽 광고회사 담당자가 대표님과 직접 미팅을 해보고 싶다는 조건을 내걸었어요. 설립한 지 1년도 안 된 스타트업에 광고를 주는 게 처음이라 대표님을 만나보고 싶다고 하네요. 가능할까요?"

"물론이죠. 미팅 날짜를 잡아주면 제가 시간 맞춰 뉴욕으로 가겠습니다."

서울에서 가장 먼저 봄을 알리던 목련의 하얀 꽃잎이 모두 떨어지고 이제 매화와 벚꽃이 한창 만개하기 시작했다. 서서히 봄이 깊어가는 그 계절에 수십만 달러가 오가는 광고 미팅은 어떤 걸까 하는 기대를 품고 뉴욕으로 향했다.

현지 광고회사 대표인 에블린과는 그녀의 오피스가 아닌 뉴욕 맨해튼 42번가 인근의 평범한 커피숍에서 단 둘이 만났다. 맨해튼과는 전혀 무관한 이름의 작은 커피숍이었다. 덕분에 큰돈과 프로젝트가 오가는 미팅이라기보다는 가벼운 티타임 같은 느낌이었다. 격식으로부터 자유로운 미국다웠다.

에블린은 키가 굉장히 크고 체격이 다부진 중년의 커리어우먼이었다. 네이비톤의 롱 원피스에 카키색 레인코트를 걸치고 머리는 염색을 하지 않은 은발이었다. 테가 얇은 안경을 쓰고 있어 첫인상은 꽤 날카롭고 시니컬했다. 나이는 어림잡아 50대 중반에서 60대 초쯤으로 보였다. 전체적으로 실무에 도가 튼 커리어우먼의 연륜이 느껴졌다. 영화 〈악마는 프라다를 입는다〉의 메릴 스트립을 현실에서 보는 듯했다. 그녀가 내게 손을 내밀어 악수를 청했다.

커피숍의 창가 쪽에 마주 보고 앉자 그녀가 인자한 미소를 지으며 간단히 안부를 물었다. 서울에서 뉴욕까지 비행시간은 얼마나 걸렸는지, 뉴욕은 처음 와봤는지, 이런 미팅이 처음인지, 그렇게 꽤 일상적인 걸 묻던 그녀가 갑자기 본론으로 들어간 건 주문한 커피가 나왔을 때였다.

"당신이 어떤 사업을 하고 있는지 정확히 알려줄 수 있어요?"

("I wonder if you could tell me exactly, what your business is?")

그녀가 물었다.

주머니에서 스마트폰을 꺼내 우리 회사의 애플리케이션을 보여주며 우리가 제공 중인 한국문화체험 공유 서비스에 대해 설명했다. 앞으로 예상되는 가입자 수와 월간 매출, 그리고 비전에 대해 다소 과장된 몸짓을 섞어 자신감 있게 말했다. 흡사 기업의 최종 면접에 임하는 지원자 같이 적당한 속도로 발음에 신경 쓰며 또박또박 설명했다.

'아니, 잠깐. 돈을 지불하는 건 이쪽인데 왜 자기가 클라이언트인 것처럼 구는 거지?' 열심히 회사 소개를 하다가 문득 그런 생각이 스쳤다.

에블린은 자신의 스마트폰에 우리 애플리케이션을 설치하고는 앞으로 종종 이용하겠다고 웃으며 말했다. 광고 협상을 진행했던 제임스에 대해서도 물었다. 그와의 첫 만남을 얘기하며 현재 우리 회사의 미국 일을 도와주는 대단히 뛰어난 사람이라고 답했다. 그녀도 전적으로 동의하며 그가 매우 유능하고 젠틀한 청년인 것 같다고 답했다.

그녀가 안경을 벗어 안경집에 넣으며 말했다.

"좋아요. 제임스와 이야기했던 금액에서 내 재량으로 50%를 더 디스카운트해 줄게요."

"네?"

요청한 적도 없는데, 먼저 광고료를 반값에 해주겠다고 말하는 그녀의 말에 반신반의하며 내가 물었다. 이미 제임스가 예산에 맞춰 성사해둔 광고비도 말이 안 될 정도로 적은 금액이었다. 그 금액으로는 맨해튼의 중심인 42번가에서 한참 먼 구석진 곳에 있는 작은 전광판에 광고하기도 아슬아슬했다. 그런 광고비로 맨해튼에서 아니, 이 뉴욕 전체에서 가장 중심에 있는 전광판에 광고를 하게 된 참이다. 그런데 오십 퍼센트를 더 할인해 준다고 하니 어안이 벙벙해졌다.

'뭐지? 이 사람 사기꾼인가?'

약간의 의심을 하며 일단은 감사하다고 말한 후 함께 카페에서 나왔다. 서로 말없이 몇 걸음 걷다 보니 42번가의 한복판이었다. 작별인사를 하려고 하는데 그녀가 "잠시만"이라고 말하더니 어딘가로 전화를 걸었다. 그녀가 짧은 통화를 마친 뒤 말했다.

"한 번 뒤 돌아볼래요?"

그녀 입가에 떠오른 미소를 보며 고개를 돌려 뒤를 돌아봤다.

"……."

그 광고 전광판 스크린에 우리 회사의 로고와 애플리케이션 구동 화면이 떠 있었다. 그대로 1분 남짓 완전히 얼어붙은 채 멍하니 전광판을 바라봤다.

수백수천 개의 광고 전광판이 있는 뉴욕에서, 가장 중심지에 있는 가장 큰 전광판에 내 회사의 로고가 떠있다니. 형언할 수 없는 감동과 전율이 밀려왔다. 아이디어만으로 불과 몇 개월 전에 시작한 사업이다. 그랬는데 벌써 이렇게….

성공이라는, 착각

"나는 곧 은퇴를 앞두고 있어요." 에블린이 쓰고 있던 안경을 벗고 어깨에 메고 있던 클러치백에서 선글라스를 꺼내어 쓰며 말을 이었다.

"이번 계약을 끝으로 이제 가족들과 시간을 보내려고요. 은퇴를 앞둔 내가 앞으로 무한한 가능성을 가진 젊은 친구들에게 주는 작은 선물이라고 생각해주면 고맙겠어요. 사업 번창하기를 기도할게요. 만나서 반가웠어요."

그녀는 그렇게 인사하고 몸을 돌려 걸어갔다. 그때까지 봐 온 누군가의 뒷모습 중 가장 멋지고 당찬 걸음걸이로, 그렇게 그녀는 인파 속으로 사라졌다.

그해 가을, 한국문화와 한국문화 공유 플랫폼 '애스크컬쳐 AskCulture'의 광고가 뉴욕 맨해튼의 가장 중심에 있는 광고 전광판을 밝혔다.

그때 나는 서른 살이었다.

그리고 그 해에 썼던 사업 프로젝트 비용은 서른여섯이 된 지금까지 혼자 갚아나가고 있다.

와튼과 스탠퍼드 강단에 선, 강연자

대한민국에서 태평양을 건너
미국 서부와 중부 그리고 동부,
거기서 다시 대서양을 건너 영국으로.
27살이었던 그해 겨울에 그렇게
다시 한번 지구를 가로지르게 되었다.
23살에 1년간 세계여행을 한 이래로
두 번째 세계일주인 셈이었다.

성공이라는, 착각

"안녕하세요. 대표님, OO대학교 창업지원센터입니다. 저희 학교에서 강연을 해주셨으면 해서 연락드렸어요."

"안녕하세요. OO일보 OOO 기자입니다. 인터뷰 요청 건으로 연락드렸습니다."

아직 30대가 되기도 전에 이런 연락을 일상적으로 받는다면 어떤 기분일 것 같은가? 대부분의 (평범한) 사람이라면 그 마음이 가라앉지 않고 어수선하게 들썽거릴 것이고, 현명한 사람이라면 자신을 냉정하게 돌아보고 '아직은 과분한 평가'라며 '자중'할 것이다. 물론 나는 전자였다.

첫 책이었던 『어쩌면 가능한 만남들』이 그 해에 베스트셀러가 되면서 언론에 화제가 되고, 동시에 첫 사업이었던 농축산물 유통·특판업인 '우리유통'이 자리를 잡아갈 무렵이었다.

중소기업청, 벤처기업협회, 중소기업기술혁신협회가 공동으로 주최하는 'YES리더 기업가정신'이라는 곳을 통해 처음으로 특강 요청이 들어왔다. 일반적인 청년들과는 약간 모양새가 다른 삶을 살고 있는 젊은이에 대한 단순한 호기심이었을 수도 있다. 당시의 나는 나서기 좋아하고 새로운 도전을 즐겼기에 흔쾌히 수락했다. 그렇게 10년 전 여름, 서울여자상업고등학교에서 처음으로 강연이라는 것을 했다.

천 명 남짓 전교생이 모여 있는 대강당에서 〈20만 원으로 세계일주, 30만 원으로 창업〉이라는 주제를 가지고 그 여름날 땀을 뻘뻘 흘리며 첫 강연을 했다. 그렇게 많은 청중 앞에 서 보는 것도 처음이었고 첫 특강인지라 상당히 긴장했다. 그렇지만 명문 특성화고등학교답게 학생들 한 사람, 한 사람의 집중도가 높았고 매 순간 학생들이 보여주는 호응과 리액션이 매우 좋아서 정말 즐겁게 마무리할 수 있었다.

〈20만 원으로 세계일주, 30만 원으로 창업〉은 단발성 특강으로 꽤 괜찮은 콘텐츠였다. (마치 고대사 이야기를 하는 기분이지만) 10년 전만 하더라도 20대 중반의 청년 창업가가 흔치 않은 때였다. 더구나 도전과 모험이라는 주제가 여행과 창업이라는 소재에 잘 녹아 하나의 재미있는 스토리텔링이 되었다. 세계여행과 창업, 두 경험 모두 무일푼에서 시작했기에 더욱 많은 학생들에게 공감을 샀다.

학생들의 반응이 상당히 좋았다. 좋은 후기들이 'YES리더 기업가정신' 측에 전달되었고 덕분에 링크사업단으로 서로 연결되어 있던 다른 대학교와 고등학교 창업지원센터 담당자들에게 내 특강에 대한 입소문이 났다.

그때부터 '강연하는 대표'가 되었다. 전국의 거의 모든 대학교에 초청되어 찾아갔다.

몸값(?)도 점점 올라 몇 년 뒤에는 (드물기는 했지만) 대기업 같은 곳에서 회당 수백만 원의 강연료를 받기도 했다. 때로는 선생님들의 간곡한 부탁으로 교통비만 받고 서울에서 아주 먼 지방에 있는 (전교생이 10명도 안 되는) 작은 초등학교나 중고등학교도 갔다. 학교뿐만 아니라 마이크로소프트 같은 글로벌 대기업의 임직원 워크숍부터 광주의 한 소년교정시설까지 다양한 곳에서 '도전과 모험'이라는 주제로 정말 여러 사람을 만났다. 서른이 되기 전까지 그렇게 300곳이 넘는 학교, 기업, 기타 기관, 비영리 단체를 찾았고 10만 명 이상의 청중을 만났다.

가는 곳마다 과분한 환대를 받았다. 각 지역에서 새로운 사람들과 끊임없이 만나다 보니 가슴 따뜻해지는 훈훈한 일화도 많았다.
전라남도 순천에서 낙안읍성 방면으로 깊은 산속에 있는 한 초등학교를 방문했을 때였다. 교장 선생님께서 '서울에서 귀한 분이 오셨다'며 그 지역에서 가장 유명한 한식집으로 데려가주셨다. 식사를 마친 뒤에는 순천역까지 직접 운전해서 바래다주셨다. 역 앞에서 내려 인사하는 내게 개인적으로 감사한 마음을 전하고 싶으셨다며 흰 봉투를 건네주셨다. 극구 사양하려 했지만 봉투 위에 멋진 필체로 빼곡하게 적혀 있는 편지를 보자 거절할 수 없어서 감사히 받았다. KTX 안에서 편지를 읽으며, 선생님의 따뜻한 마음이 창밖 아름다운 풍경 속에서 배가 되어 혼자 눈시울이 붉어진 기억이 선명하다.

그 몇 년간 서울과 수도권, 강원도와 충청도, 전라도와 경상도, 제주도까지 전국 방방곡곡을 다니며 아름다운 곳에서 좋은 사람들을 만났다.

덕분에 대한민국에 대한 강한 애국심, 그리고 동시대를 살아내고 있는 사람들에게 깊은 유대감을 갖게 되었다. 결국 이런 마음이 우리유통 다음 사업인 한국문화 공유 플랫폼 애스크컬쳐의 창업으로 이어졌다.

어쨌든, 전국에 안 가본 지역이 있을까 싶을 만큼 돌아다녔다. 그리고 이런 상황은 당시 운영하던 우리유통 사업에 플러스와 마이너스 효과를 동시에 가져왔다.

전혀 몰랐던 작은 시골마을을 찾아가면 그 지역의 잘 알려지지 않은 특산품을 발견하거나 알게 되는 경우가 더러 있었다. 학교 선생님을 통해 그런 특산품의 생산자들을 소개라도 받게 되면, 말 그대로 일거양득이었다. 강연도 하고 사업 아이템도 발굴하고. 사업에 분명한 플러스였다.

마이너스였던 점은 본업인 사업을 대하는 마음과 자세의 변화였다. 열심히 사업을 하는 것보다 그렇게 강연하며 강연료를 받는 게 돈을 벌기 더 쉽고 편하다고 느끼게 되었던 것이다. 도

대체 내가 사업을 하는 사람인지 강연을 다니는 사람인지 정체성에 혼란이 오기 시작했다. 주객이 전도된 것이다.

그렇게 조금씩 혼란을 느끼던 시기에 미국에 있던 '제임스James Jungyup Lee'와 첫 인연이 닿았다. 제임스는 아이비리그 대학교 중 하나인 펜실베이니아 대학의 상경대학인 와튼Wharton에 재학 중이었다. 그는 자신이 직접 설립한 학생회 대표를 맡고 있었는데 우연히 나와 관련된 기사와 SNS를 보고는 매우 정중하고 세련된 문장의 편지를 보내왔다. 본인의 학교로 초청한 것이다.

"안녕하세요, 대표님. 저는 펜실베이니아 대학교 와튼에서 학생회 회장을 맡고 있는 제임스라고 합니다. 저희 학생들은 아직 학교에서 공부밖에 해 본 경험이 없어서 대표님의 다양한 경험들을 직접 들을 수 있다면 큰 동기부여가 될 것 같습니다. …(중략)… 모쪼록 바쁘시겠지만 시간을 내어 저희 학교에 방문해주신다면 대단히 영광이겠습니다."

아이비리그 대학에서의 강연이라니. 꿈만 같은 일이었다. 소중한 기회라는 생각이 들었다. 그는 자신의 모교뿐 아니라 미국에 있는 각 대학교 한인 학생회 커뮤니티를 통해 스탠퍼드 대학교와 미시간 대학교, 뉴욕 프랫 대학교를 함께 연결해 나의

미국행에 더 큰 동기를 부여해 줬다. 거기에 영국의 런던 골드
스미스 대학교도 함께 방문하게 됐다.

대한민국에서 태평양을 건너 미국 서부와 중부 그리고 동부,
거기서 다시 대서양을 건너 영국으로. 27살이었던 그해 겨울에
그렇게 다시 한번 지구를 가로지르게 되었다. 23살에 1년간 세
계여행을 한 이래로 두 번째 세계일주인 셈이었다.

첫 시작은 스탠퍼드 대학교였다. 스티브 잡스의 고향이자 마이
크로소프트와 페이스북, 애플의 본사가 있는 미국 서부 캘리포
니아 주 팔로알토의 겨울 하늘은 유달리 맑고 화창했다. 스탠퍼
드 대학교의 교정은 그 드넓은 부지에 야자나무들이 빼곡하게
자라 겨울임에도 강한 햇살을 잔뜩 쐬고 있었다. 마치 사원을 연
상시키는 건물들이 그 울창한 삼림 곳곳에 멋들어지게 서 있었
다.

기분 탓일까? 왠지 그 동네는 지나가는 길고양이마저 코딩을
잘 할 것 같이 생겼다. 어딘가 개발자의 손 같은 그 '길냥이'들
의 앞발 모양새가 확실히 말썽만 피우는 우리 집 '냥아치'와는
조금 달라 보였다. 가족과 산책을 나온 강아지들도 남몰래 혁
신적인 일을 준비하고 다니는 듯 발걸음이 분주해 보였다. 산
책만 나가면 온갖 전봇대에 마킹하기 바쁜 우리 집의 골댕이
(골든 리트리버) '하루'와는 달라 보였다.

성공이라는, 착각

스탠퍼드에서 만난 학생들은 대부분이 이공계열 학생이었는데 (매우 긍정적인 의미에서) 전형적인 공대생 같아 보였다. 모든 삶이 공부와 연구에 초점이 맞춰져 있었고 그래서인지 순수하고 순박했다. 빌 게이츠, 저커버그, 일론 머스크 같은 사람들이 혁신을 '상상'하는 사람들이라면 이들은 그 혁신을 '실현'시킬 인재들이었다.

다음은 미국 중부의 명문, 미시간 대학교였다. 디트로이트 옆 앤 아버에 위치한 미시간 대학교에 갔을 땐 교통이 마비될 정도로 폭설이 내렸다. 캠퍼스에서 며칠간 오도 가도 못하는 상황이 되었다. 덕분에 그 학교의 학생들과 오붓한 시간을 보낼 수 있었다. 폭설로 특강의 참석 인원이 많지는 않았지만 2시간이었던 강연 시간은 길게 늘어나 4시간의 토론회 형식으로 진행되었다. 도전, 모험, 사업, 그리고 '실패'에 대해 당시 미시간 대학교의 학부 학생들, 대학원 학생들과 함께 이야기를 나눴다. 몇몇 학생들(그중에는 객원연구원 신분으로 나보다 월등히 나이가 많은 형과 누나들도 있었다)과 캠퍼스 내에 있는 그들의 기숙사 라운지에서 밤새 이야기를 나눴다.

미국 동부로 넘어가 필라델피아 역에 도착했을 때, 그 여정의 메인이 그곳임을 직감했다. 아이비리그 대학 중 하나인 펜실베이니아 대학교, '와튼Wharton'이었다.

학생회 회장이었던 제임스와 부회장이 차를 가지고 배웅을 나와 주었다. 그들은 캠퍼스 내에 위치한 고급 숙소를 제공해줬고 한인 학생뿐만 아니라 외국인 학생들에게도 특강을 적극 홍보해줘서 (영광스럽게도 교내의 메인 빌딩에 플래카드도 여럿 걸려있었다) 많은 학생들이 모여 있었다. 한국어로 된 파워포인트를 가지고 투박한 영어로 진행했지만, 날 것 그대로인 만큼 진심은 더 잘 전달되었던 것 같다(고 믿고 싶다).

제임스와는 그때의 인연으로 지금까지도 꼬박 10년째 우정을 유지하고 있다. 그렇게 당시 여정은 뉴욕의 프랫 대학교와 대서양을 건너 런던 골드스미스 대학교까지 이어졌다.

한국으로 돌아온 이후에도 사업과 강연을 이어가며 20대의 마지막을 맞이했다. 강연을 다녔던 경험은 사업에도 도움이 되었고 지극히 영광스러운 추억이었기에 그 시간들을 후회하진 않는다. 하지만 서른 살이 되고 나니 그런 삶이 전혀 다르게 다가왔다. 그런 자리를 영광이라 생각하지도, 열정을 갖고 대하지도 않고 순전히 강연료를 받기 위한 일로써만 대하고 있었다. 20대에 했던 도전과 모험을 30대가 되어서도 같은 이야기로 계속 우려먹고 있는 건 스스로 생각해도 조금 너무하다는 생각이 들었다. 유한한 콘텐츠를 무한히 이용하려 했다는 자각이 들자

끄러워지기 시작했다. 그 콘텐츠의 유통기한이 끝났다는 생각이 들었다. 그런 생각이 든 이후로는 강연 요청이 오더라도 이런저런 사정을 들어 양해를 구하고 사양했다.

업종을 완전히 바꿔 그 다음 사업인 한국문화 공유 플랫폼 애스크컬쳐AskCulture를 설립한 이후에는 너무 바빠 도저히 시간이 나질 않게 되었다. 그때 깨달았다.

진짜 도전과 모험을 하고 있는 이들은 자기 일에 정말이지 눈코 뜰 새 없이 바빠 (표현이 좀 과하지만) '이런 짓'을 하며 돌아다니진 않는다는 것을.

강력하고 무한한 콘텐츠를 가지고 있거나 한 분야의 전문가로서 오랫동안 정제한 지식과 지혜를 나눌 수 있는 사람이라면 계속 같은 주제로 강연이나 강의를 할 수 있겠지만, 나는 아니지 않은가?

스탠퍼드, 와튼 같은 세계적인 대학교에서 강연을 했기에 대단한 사람이 아니라, 그런 학교에서 시기와 상관없이 언제든 먼저 찾을 정도로 훌륭한 인간이 되는 게 순서였다. 그러기 위해서는 학문적인 성취나 누구나 인정할 만한 실력을 갖추는 것이 우선이었다.

뒤늦게 그 당연한 사실을 깨달은 뒤, 사업에 꼭 필요한 일이 아니고는 이제 강단에 서지도 마이크를 들지도 않는다. 박수 칠 때 떠났다면 더 좋았겠지만 늦게라도 깨달았으니 다행이다.

대통령이 만나고 싶어 하는, 벤처기업인

그때까지 생기 없이 말하던 그가
딱 한번 매서운 눈빛으로 물었다.
"그런데, 기업은 이윤을 추구해야 하지
않아요? 이 플랫폼은 어떤 식으로
수익을 창출하게 되나요?"
대본에 없는 질문이다. 나는 적잖이
당황했다.

그날 나는 프랑스 파리에서 박근혜 전 대통령을 만났다.

그보다 한 달 전인 5월이었다. 융합한류사업을 담당하는 정부 부처의 공무원에게서 연락이 왔다.

"대표님, 이번 프랑스 KCON 행사에 참가기업으로 참여하시죠?"

"네, 행사기획 담당자에게서 연락 받았습니다. 저희가 뭘 할지 고민하고 준비 중입니다."

"여러모로 대표님 사업에 큰 도움이 될 겁니다. 잘 준비하셔서 좋은 기회로 삼으세요. 참, 현장에서 VIP가 만나고 싶어 하십니다."

"VIP라 하면…, 제가 떠올리는 그 분 맞아요?"

"네, 맞습니다. 자세한 내용은 정리되면 알려드릴게요. 곧 대본도 보내드리겠습니다."

대본?

우선은 알겠다고 답하고 전화를 끊었다. 심장 뛰는 맥박 소리가 귓가에까지 들릴 정도로 흥분되고 호흡이 가빠져왔다. TV로만 봤던 대한민국의 1인자, 대통령이 날 만나고 싶어 한다. 모든 대기업들이 그런 방식으로 성장한 건 아니지만 대한민국의 손꼽히는 재벌 대기업 그룹은 대부분 산업화 시대에 저마다 크든 작든 정부와의 커넥션으로 성장했다. 정부의 국가발

전계획이나 호의 없이 그 산업화 시대에 혼자 자생적으로 성장한 재벌그룹은 없다. 혹은 그 반대일 수도 있다. 재벌의 도움 없이 권력을 쟁취한 정권은 없었을지도. 한국전쟁 이후 전 세계에서 가장 최빈국에 속했던 국가로서는 나쁘게 볼 일만은 아니다. 정치의 민주화와 경제의 산업화는 국가 성장의 양 날개이니까. 중요한 건 이제 막 성장하려고 하는 내 회사에도 그런 기회가 온 것 같다는 사실이다.

"대표님, 무슨 일 있어요?"
얼굴이 발갛게 상기된 나를 보며, 창현이가 물었다.
창현이는 애스크컬쳐가 아이디어 단계였던 때부터 나와 공동 창업자들을 도우며 함께 일한 대학 후배다. 여간해서는 자기 기분이나 속을 잘 드러내지 않고 묵묵히 맡은 일을 하는 조용한 친구였다.
수원에서 왕복 4시간 거리를 출퇴근했지만 단 한 번도 그가 지각을 하거나 결근을 한 적은 없었다. 대학교 4년간의 전 과목 학점이 A일 정도로 자기 본분에 늘 성실한 사람이다. 그런 면에서 매사가 즉흥적이고 늘 감정 표현이 넘치는 나와는 정반대의 캐릭터였다.
"대통령이 만나고 싶어 한다고 하네. 우리 이번에 프랑스 행사 갈 때. 다른 직원들한테는 이야기하지 말고 일단 너만 알고 있어."

"네~에? 대통령이요? 와….."

어지간해선 감정을 잘 드러내지 않는 창현이도 그 이야기를 듣고는 눈을 동그랗게 뜨며 말했다.

프랑스 KCON 행사는 CJ E&M의 주관으로 유럽에서 개최되는 대규모 한류 콘서트였다. 방탄소년단, 블락비, 샤이니, 아이오아이, F(X) 등…. 당시 국내외에서 한류 붐을 주도하는 K-POP 대표 가수들의 종합콘서트였다. 이 행사에 정부기관이 함께 했다. 문화체육관광부, 한국문화산업교류재단, 농림축산식품부, 한국관광공사, 한국콘텐츠진흥원, 한국무역협회 등등.

'한류'와 연관된 정부부처가 함께 하여 한국의 엔터테인먼트 뿐만 아니라 문화, 한식, 뷰티, 벤처까지, 거의 전 분야에 걸쳐 한국을 홍보하는 포괄적인 한류 축제였다.

K-POP과 한류 덕분에 한국에 관심이 많아진 유럽인을 대상으로 이참에 유럽의 문화 중심지인 파리에서 대대적으로 한류를 홍보하고 확산시킨다는 대담하고도 치밀한 기획이었다.

애스크컬쳐AskCulture는 한국의 문화체험을 제공받거나 요청할 수 있는 IT플랫폼 기업 대표로 이 축제에 참가하게 되었다. 콘서트장인 프랑스 파리 아레나 호텔의 행사장에서 꽤 큰 부스를 제공 받아 플랫폼을 홍보할 기회를 얻게 된 것이다.

그런데 생각해보면, 우리가 홍보할 기회를 얻은 것이 아니다. 정부나 대기업의 특혜나 호의도 아니었다. 애초에 우리 플랫폼에는 외국인이 한국에 있는 한국인들과 교류할 수 있는 문화, 식품, 뷰티, 레저, 관광이 전부 포함되어 있었다. 말하자면 온갖 문화체험을 할 수 있고, 그런 것들이 소개된 우리의 플랫폼은 한류 축제의 '종합백화점' 역할에 최적화되어 있었다. 한국 정부에서 운영하는 통합 한국문화체험 플랫폼이라고 해도 어색할 게 없을 정도로.

박근혜 대통령이 행사장을 찾아와 순방하는 동안 직접 대화를 나눌 기업으로 애스크컬쳐가 선정된 것도 그런 이유에서였다.

행사 당일, 프랑스 파리의 아레나 호텔 컨벤션 홀은 축제 분위기였다. 행사장 밖에는 이미 며칠 전부터 텐트를 치고 행사를 기다리는 한류 팬들의 줄이 끝도 없이 길게 이어져 있었다. 전부 유럽 현지인들이었다. 타문화에 배타적이고 문화적 자긍심이 오만에 가까운 프랑스 파리에서 말이다. 신기할 따름이었다.

한식을 알리는 K-Food 존zone에서는 CJ 제일제당의 '비비고' 브랜드 홍보관을 비롯해서 각종 한식과 농축산 특산품이 조리되고 있었다. 맛있는 냄새가 행사장 곳곳에 은은하게 퍼졌다. 한식 외에도 한국의 VR 기술을 홍보하는 체험관, 공예품 전시

성공이라는, 착각

관, 화장품과 의약품 홍보관까지. 가히 한류 천국이었다.

애스크컬쳐AskCulture의 한국문화체험 플랫폼 홍보관은 그 중심에 있었다. 부스 벽에는 카테고리 별로 한국의 문화체험 사진들을 빼곡하게 새겨두었고, 부스 중앙의 대형 모니터에는 홍보 영상과 웹사이트 화면을 틀어놓았다.

CJ E&M의 호의와 배려로 당시 가장 핫했던 걸그룹인 '아이오아이'의 김세정, 청아, 정채연 이렇게 세 사람이 애스크컬쳐의 부스에 이벤트성으로 함께 해줬다. 휴대전화를 통해 애스크컬쳐의 애플리케이션을 설치하는 방법과 이용 방법들을 소개해주자 수많은 한류 팬들이 구름 같이 몰려들었다.

"창현아, 너 선글라스는 절대 벗지 마. 송중기 팬들한테 테러 당할 수도 있어." 내가 웃으며 말했다. 창현이는 군복을 입고 있었다. 당시 전 세계적으로 히트한 한국 드라마인 〈태양의 후예〉의 송중기, 진구 배역을 코스프레한 것인데 반응이 꽤 좋았다.

그 외에 함께 있던 직원들은 드레스 한복을 입고 있었다. 서대문구 북아현동에 있는 '고희정 한복'의 고희정 여사님께서 만들어준 한복이었다. 한복을 정말 곱고 세련되게 잘 만드는 분이었다. 그렇게 곱게 잘 만들어둔 옷을 늘 상하의 생뚱맞게 (혹은 언밸런스하게) 매치한 채로 마네킹에게 입혀두고 있는. 꽤 별난 옷 가게였다. 대한민국 한복계의 은둔 고수 같은 그런 느낌이랄까.

걸그룹 아이오아이와 군복 입은 한국 남자, 전통미와 현대미가 조화를 이룬 드레스 한복을 입고 있는 한국 여성의 조합은 한국 문화에 우호적인 외국인들의 이목을 끌기 충분했다.

다른 부스처럼 맛있는 음식을 주는 것도 아니었고, VR 체험처럼 재미있는 것도 없었지만, 우리 부스는 사람들의 발길이 끊이질 않았다.

모든 부스의 행사 준비가 끝났을 때, 장내에 안내방송이 울렸다. 한국과 프랑스의 VIP들이 방문할 예정이라 '테러 방지'를 위해 폭발물 점검을 한다고, 모든 인원들은 짐은 그대로 둔 채 행사장 밖으로 나가 있으라는 내용이었다.

직원들과 함께 행사장 밖으로 나왔다. 프랑스 현지 경찰들로 보이는 무리 여럿이 마약·폭발물 탐지견들과 함께 안으로 들어가고 있었다. 폭발물 탐지견은 검은색 래브라도와 도베르만 종으로 보였는데 위엄 가득한 표정으로 코를 벌렁거리며 지나가는 모습이 꽤 압도적이었다.

박근혜 전 대통령은 일반 관람객의 입장이 시작되기 전에 만났다. 30분 정도의 점검이 끝나고 다시 안으로 들어가자 얼마 안 되어 수많은 수행원에 둘러싸인 박근혜 전 대통령과 프랑스의 총리급 최고 공직자가 나란히 행사장으로 들어왔다. 행사장 바닥에는 미리 정해둔 그들의 동선을 표시한 테이프가 붙어있었다. 노란색 화살표 모양이었다.

나는 잔뜩 긴장하며 미리 준비되어 있던 '대본'을 다시 한 번 읽어보고 있었다. 대본에는 '자리에 함께 있던 모두가 박수를 치며 살짝 웃는다'라는 것까지 적혀 있었다. 마치 윌리엄 셰익스피어의 작품을 읽는 기분이었다. 그게 비극인지 희극인지 당시의 나로서는 알 수 없었지만.

"안녕하세요." 박근혜 전 대통령이 우리 부스 앞에서 발걸음을 멈추고 나를 향해 말했다. 그는 정확히 멈추기로 표시된 붉은색의 발자국 모양 테이프 위에 서 있었다.

"네, 안녕하세요…." 나는 꽤 떨며 대답했다.

그를 코앞에서 보게 된 첫 느낌은 생각보다 너무 왜소하고 표정에 생기가 없다는 것이었다. 그 외에는 평범했다. TV로 보던 모습과는 확연히 달랐다. 그날 컨디션이 좋지 않았던 걸까. 어느 모로 보나 체구가 작고 왜소한 평범한 중년이었다.

"저희 기업의 핵심 서비스는 이런 겁니다. …(중략)…."

둘 다 준비된 대본대로 말하고 답했다. 중간 중간 그가 '예정된 질문'을 하고, 내가 다시 '정해둔 답'을 읊조리기를 반복하는 사이에 수많은 언론사의 플래시가 여기저기서 터지고 있었다.

'내가 지금 뭘 하고 있는 거지?'

마치 객석이 꽉 찬 무대에서 결말이 빤한 연극을 하고 있는 기분이었다. 그런데 갑자기 그가 대본에 없던 '애드리브'를 했다.

"정말 좋은 취지의 재미있는 사업 아이디어네요. 정부 입장에서는 말이죠." 그때까지 생기 없이 말하던 그가 딱 한번 매서운 눈빛으로 물었다.

"그런데, 기업은 이윤을 추구해야 하지 않아요? 이 플랫폼은 어떤 식으로 수익을 창출하게 되나요?"

대본에 없는 질문이다. 나는 적잖이 당황했다. 느슨해져있던 고무줄이 갑자기 양쪽에서 확 잡아당겨진 것처럼 팽팽한 긴장감과 당혹감이 엄습했다. 모두의 시선이 한 순간에 나에게 집중된 것만 같았다.

"아, 네, 그게… 저희는…." 나는 말을 끌며 머릿속으로 재빠르게 할 말을 정리하고는 겨우 입을 열었다.

"1차적으로 문화체험이 매칭될 때마다 현지 주민과 방문자에게서 수수료를 받게 됩니다. 양쪽에서 각각 15%씩을요. 사실 문화체험 서비스는 유저를 모으기 위한 선제적 사업이고, 유저가 모이고 활발히 문화체험이 진행되면 2차 콘텐츠를 제작해 그걸로 본격적인 수익을 창출하려 합니다. 이후 비즈니스 모델들도 준비해두었고요." 내가 간신히 답했다.

"그렇군요. 말씀하신 계획들이 잘 이뤄져서 우리 문화도 더 널리 세상에 알려지고 기업도 성장하는 좋은 성과가 있길 바랄

게요. 지켜보겠습니다." 그가 다시 대본대로 말했다.

"네, 격려 감사합니다." 나도 다시 대본대로 답했다.

그가 발걸음을 옮겨 행사장 밖으로 향하자 뒤에 있던 한 중년 남자가 수고 많았다며 자기 명함을 건네고 갔다. 뒤따라오던 다른 고위공직자가 다가와 방금 명함을 건넨 분이 무슨 말을 했냐고 물었다. "별말 없이 명함만 주고 갔다"고 답했다.

"방금 그 사람이 이 정권의 이거입니다."

고위공직자가 엄지손가락을 추켜세우며 말했다.

어쩌라는 건지. 부나 권력을 으스대며 자랑하는 이들을 만나면 온 몸에 즉각 알러지가 올라왔다. 심지어 본인의 것도 아닌 것을 뽐내듯 하는 이는 더욱 우스꽝스러웠다. '아이고 그러십니까. 저는 스타트업계의 이거에요'라고 말하며 가운데 손가락을 뻗고 싶은 충동이 스쳤지만, 물론 참았다.

나머지 행사는 특별한 일 없이 끝났다. 아니, 특별한 일이 하나 있긴 했다. 정장 재킷의 안주머니에 있던 지갑이 사라진 것이다. 프랑스 경찰들이 테러 방지를 위해 점검을 한다고 장내를 떠나 있으라고 했던 그 직후였다. 지갑에는 출장 경비로 인출해둔 현금이 1,500유로(한화로 약 200만 원) 정도 있었는데 다시 장내로 돌아오자 지갑채로 없어졌다.

직원들한테 지갑 이야기는 하지 않고, 다들 잃어버린 것 없냐고 물었다. 다행히 다른 직원들은 분실물이 없는 모양이었다. 행사장을 정리한 후, 직원들과 CJ E&M에서 제공해준 관계자용 VIP 티켓을 들고 콘서트를 보러갔다. 나는 방탄소년단의 무대만 보고 숙소로 돌아와 기절하듯 잠들었다.

다음날 국내 언론사들의 기사를 통해 대통령의 프랑스 방한과 KCON 행사장 사진이 공개되었고 여러 뉴스에 당시 대통령과 대담하고 있는 내 모습이 함께 실렸다.
기사에 실려 있던 그와 함께 찍힌 사진을 휴대전화 메신저 프로필 사진으로 해두고 SNS에도 몇 장 올렸다. 결국 이런 것들이 화근이 되어 불과 얼마 뒤 '그 사건'이 터졌을 때, 나는 상당히 난처한 일들을 겪게 된다.

아무튼, 한국으로 돌아오고 한 달이 채 안되었을 때였다. 대통령과의 독대가 준 긴장과 흥분이 모두 가라앉을 무렵 '이 정권의 이거'라던 사람이 창조경제혁신센터에 입주한 벤처기업들 '격려'라는 명분으로 인큐베이팅센터를 방문했다. 이번에도 역시 많은 기자들과 함께였다. '이거'는 우리 사무실로 찾아와 나에게 이것저것을 의례적으로 묻고, 그 격려라는 것을 하고 기자들 앞에서 나와 기념사진을 찍고 갔다.

성공이라는, 착각

이후로 몇몇 장관들도 우리 사무실을 다녀갔다. 그때마다 많은 기자들을 대동했고, 나와 직원들은 출장이나 외근을 나가지도 못한 채 그 '격려'라는 것을 받기 위해 그들이 오기 전부터 갈 때까지 시간을 할애해야 했다.

그렇다 하더라도 당시의 나는 그게 내가 (내 사업이) 잘하고 있다는 신호로 착각하고 있었다. 대통령과 대통령 비서실의 실세와 장관들이 관심을 가지고 지켜보는 벤처기업이 되었다는 것은 이제 갓 서른 살이 된 젊은이에게 마냥 들뜨고 신나는 일이었다.

한창 그렇게 붕 떠 있다가 한 순간에 나락으로 추락한 건 고작 반 년 뒤였다. '국정농단 게이트 사건'이 터졌다. 얼마 안 가 당시 내가 만났던 대통령, 장관, 소위 정권의 실세라는 사람들이 줄줄이 구치소로 향했다.

애스크컬처와 나는 끝도 없는 감시와 의혹을 받았다. 몇몇 인터넷 언론에서는 취재랍시고 협박에 가까운 일들을 아무렇지 않게 벌였다. 그들이 보기에 나라는 사람이 그 정권과 뭔가 대단한 끈이라도 있다고 단단히 착각한 모양이었다. 기가 차고 어이가 없는 노릇이었지만 그들을 나무랄 일만은 아니었다. 나 역시 내가 그런 사람이길 바랐던 건 사실이니까.

이건 뒤에서 다시 얘기하자.

그 정권의 말로가 어떻게 되었는지를 떠나서 사업의 대표로서 다시 같은 상황이 생긴다면 어떻게 할 것인가를 생각해봤다.

애초에 애플리케이션이 미완성인 상태였다. 아직 원하는 모든 기능들이 정상적으로 작동하는 단계가 아니었다. 그런 상황에서 우리 서비스의 유일한 타깃층도 아닌 프랑스 파리라는 곳에서 홍보를 한답시고 굳이 그 행사에 참여한다?

결과론적인 이야기지만 만약 그때로 다시 돌아간다면 절대로 하지 않을 선택이다.

임직원의 해외출장비(항공권, 숙박, 식사, 출장 수당)와 행사를 준비하기 위한 여러 가지 비용과 에너지들이 아깝다. 그 행사를 위해 들어간 시간과 에너지에 비해 사업적으로 득이 될 만한 소득이 적었다. 아니, 득이 된 것은 없다고 봐도 무방했다. 대통령을 만나고 왔다는 것과 한류 열풍에 휩싸인 프랑스인들에게 정부를 대신해서 한국문화 홍보만 하고 온 셈이었다.

해외에서 한국의 문화를 소개하고 홍보하는 일은 물론 의미 있고 값진 일이다. 하지만 우리는 비영리 사회적기업도 아니고 자원봉사단체는 더더욱 아니었다. 제품과 서비스를 통해 엄연히 이익을 추구하는 (추구해야 하는) 기업이었다.

그런 행사는 그런 일에 더욱 열정과 애정을 가진 단체나 사회적기업에 양보하고 그 시간에 우리는 우리가 제공할 서비스 개발에 집중하는 게 맞았다.

그러니까, 해당 행사와 별로 연관이 없는 기업과 대표라면 애초에 그런 자리(사업에서 득이 될 게 전혀 없는 자리)에 초대 받는다 해도 사양하는 게 정상이다. 어쩌면, 우리가 잘나서 '선택'된 게 아니라, 가겠다는 사람이 없어서 '마지못해' 우리한테까지 차례가 돌아왔던 것일 수도 있다.

6월 초, 프랑스 파리.
그곳에서 지갑을 잃어버렸다. 적지 않은 돈이 들어있던 지갑이었다. 그렇지만 그날 그 행사장에서 없어진 현금 200만 원보다 그리고 거기까지 가기 위해 지출한 비용과 시간보다 뭔가 더 소중한 것을 잃어버리고 왔다는 느낌을 여전히 지울 수가 없다.

사우디아라비아 왕실로부터
초청받은, VIP

입국장 밖에는 영화에서나 보던 검은색
대형 럭셔리 SUV 차량이 끝도 없이
줄 지어 정차해있었다. 전속 차량과
운전기사를 배정받아 호텔로 향했다.
5박의 일정 동안 차량과 기사를 마음껏
이용할 수 있었다. 마치 드라마나
영화에서 보던 회장님처럼.

 성공이라는, 착각

"스타트업 대표들이 가장 좋아하는 투자자가 누군지 알아?"

플리토Flitto의 이정수 대표가 물었다.

"글쎄요. 워렌 버핏이나 소프트뱅크 벤처스의 손정희? 내가 대답했다.

"틀렸어. 사우디아라비아 왕실이야."

"엥? 왜요?" 나는 고개를 갸웃하며 물었다.

"이 사람들은 하도 돈이 많아서 투자해놓고 까먹거든."

그의 말을 듣고 옆에 앉아있던 다른 대표들이 함께 웃었다. 우리는 사우디아라비아의 수도 리야드Riyadh로 향하는 비행기에 탑승 중이었다.

그 해 가을, 사우디아라비아 왕실의 제2왕세자였던 무함마드 빈 살만 알사우드(당시 사우디의 국방장관, 현재는 제1왕세자)가 자신의 비영리 단체 Misk 재단을 통해 주최하는 '전 세계 스타트업 포럼'에 우리를 초청했다.

무함마드 빈 살만 알사우드의 개인재산은 2,500조 원이다. 2,500조. 실감도 안 되는 액수다. 삼성전자 이재용, 구글 창업자 래리 페이지, 워런 버핏, 일론 머스크, 그리고 빌 게이츠 같은 우리에게 익숙한 세계 최고 부자들의 재산을 합한 것보다 3배 많은 액수다(대한민국의 2022년 국가 총 예산이 약 600조 원). CNBC에서 추정하여 발표한 공개된 재산만 그 정도인 것이다.

괜히 포브스에서 세계 100대 부자 순위를 매길 때 중동의 석유 재벌들을 제외하는 것이 아니다.

행사의 특별연사로 빌 게이츠와 워런 버핏 등 내로라하는 세계적인 인물들이 초청되었고, 전 세계에서 선별된 스타트업 대표에게 왕복 항공권과 숙박, 교통, 식사, 기업 홍보자료 제작비 등을 전액 지원해 주는 호화로운 행사였다. 못해도 수백억 원은 썼을 행사지만 그의 재산을 봤을 땐 정말이지 티도 안 나는 금액일 것이다.

"와…, 이거 완전 북한 아니야?"

공식 초청장에 안내된 '사우디아라비아에서 하면 안 되는 행동'을 확인하며 입 밖으로 자연스럽게 나온 말이었다. 다른 중동 국가를 포함해 꽤 많은 나라를 가봤지만 이렇게까지 경직되고 꽉 막힌 국가는 처음이었다. 그럼에도 포럼에 참석하기로 결정한 것은 전 세계 각 분야에서 혁신을 일으키고 있는 다른 스타트업들과의 교류가 목적이었다. 운이 좋아 현지 투자자(투자 해놓고 까먹는)와 연결된다면 더할 나위 없이 좋을 일이기도 했다. 이러저러한 기대를 가득 품고 사우디아라비아로 떠났다.

왕실에서 마련해준 비행기를 통해 수도인 리야드의 제다Jeddah 공항에 도착한 후 VIP 전용 입국장을 거쳐 공항 밖으로 나왔다. 입국장 밖에는 영화에서나 보던 검은색 대형 럭셔리 SUV 차량이 끝도 없이 줄 지어 정차해있었다. 전속 차량과 운전기사를 배정받아 호텔로 향했다. 5박의 일정 동안 차량과 기사를 마음껏 이용할 수 있었다. 마치 드라마나 영화에서 보던 회장님처럼.

"이 나라는 도대체 돈이 얼마나 많은 거야?"

호텔에 도착해서 배정된 방으로 안내되었을 때, 감탄이 나왔다. 호사스럽기 그지없던 객실은 내부에 별도의 방과 침실이 3개나 딸린 스위트룸이었다. 원하는 모든 종류의 룸서비스도 마음대로 이용할 수 있었다. 왕복 항공편, 전용차와 운전기사, 그리고 최고급 호텔의 스위트룸까지. 상상했던 것을 훌쩍 뛰어넘는 호사였다.

호사는 계속되었다. 이튿날에는 주최 측에서 국립박물관 투어를 준비해줬는데 무려 사우디 왕실의 공주가 직접 안내를 맡아 투어를 진행해줬다. 그렇지만 예상대로였다. 2시간가량을 박물관 전시실을 걷고 또 걸었지만 눈에 보이는 거라곤 유목민들의 삶을 재현한 쇼 케이스가 대부분이었다. 슬슬 지루함과 피로감이 몰려올 때, 가장 마지막 전시관에 도착했다. 시대 순서에 맞게 가장 최근인 근현대 전시관이었다.

"아…."

그곳엔 3층짜리 건물 높이의 거대한 '원유 채굴기'가 있었다.

"뭐, 설명이 더 필요해?"라고 그 원유 채굴기가 말하고 있는 듯했다. 기승전결이 꽤 명확한 국립박물관이다. 안내를 해주던 공주의 얼굴에서 숨길 수 없는 뿌듯함이 엿보였다.

'이걸 보여주기 위해 그렇게 빙 둘러왔구나.'

그런 생각이 들자 웃음이 새어 나왔다. 부러움과 질투가 적당히 섞인 웃음이었다. 이 넓은 박물관이 결국 이걸 자랑하기 위해 세워진 건가라는 합리적인 의심이 들자 이들이 귀엽기까지 했다. 옷장 깊숙한 곳에 꼭꼭 숨겨뒀던 장난감을 꺼내서 자랑하는 어린 조카와 다를 바가 없지 않은가.

점심 식사를 마치고 다른 일행들은 리야드 인근의 사막에서 유목민족 전통 축제를 체험한다고 떠났다. 나는 호텔로 돌아와 알람도 맞춰두지 않고 그대로 잠들었다. 최고급 원단의 침구와 매트리스가 주는 푹신함과 뽀송뽀송함에 그대로 깊이 잠들었다. 다시 눈을 떴을 때는 시계가 오전 8시를 가리키고 있었다.

Misk 재단에서 개최한 글로벌 포럼은 서울 코엑스나 프랑스 파리의 아레나 컨벤션홀보다 몇 배는 더 큰 곳에서 개최됐다. 행사장에는 세계 각지에서 온 열정 가득한 스타트업 대표들과 주최 측의 행사진행 요원들 그리고 '어디 투자할 만한 재미있는 기업 있나?'하며 그다지 신중하지 않은 눈으로 재미거리를

성공이라는, 착각

찾으러 나온 사우디 왕실의 투자자들이 자리를 메우고 있었다. 행사는 빌 게이츠의 축사로 시작됐다. '전 세계의 혁신과 인류의 지속가능한 발전을 기원한다'는 내용의 다소 빤한 인사말이었지만 스피커가 다른 사람도 아닌 마이크로소프트의 창업자였기에 그 말에 강한 힘이 실렸다. 미국의 전직 대통령과 글로벌 기업 오라클의 대표가 연이어 축사를 했다.

오전에는 공유경제를 대표하는 유니콘 기업(기업의 가치를 1조 원 이상으로 평가받는 벤처기업)의 창업자들이 패널로 참여한 토크쇼가 이어졌다. 앞으로 전 세계의 글로벌화가 더 가속화되고 공유경제가 완전히 시민의 일상이 될 것이라는 내용의 토론이었다.

오후에는 내 차례가 왔다. 스타트업 대표들이 돌아가면서 청중에게 자신의 사업 아이템과 비즈니스 모델을 소개하는 시간이었다. 긴 숙면 직후라 최상의 컨디션이었던 나는 적절한 유머까지 섞어가며 한국문화 공유 플랫폼인 애스크컬쳐를 설명했다. 지난여름부터 20·30대를 모집하여 결성한 한국문화 체험단 애스커스AskUs를 주축으로 수백 건 이상의 한국문화체험 서비스를 매칭시키며 서비스 품질을 완성해가고 있었다. 애스커스가 외국인 방문자들과 함께 한국의 일상을 즐기는 사진과 영상을 소개하면서 우리 서비스를 알기 쉽게 청중들에게 보여줬다. 발표의 끝은 이전 달에 뉴욕 타임스스퀘어 전광판에서 서비스를 광고하던 모습의 사진과 영상으로 마무리했다.

프레젠테이션이 끝나자 설립한지 1년도 안된 스타트업의 약진과 미래를 향한 당찬 포부에 박수갈채가 쏟아졌다. 다른 국가에서 온 스타트업 대표들이 윙크를 보내거나 엄지를 추켜세워주며 명함을 교환하자고 줄지어 다가왔다. 몇몇 현지 투자자들 또한 명함을 건네며 이것저것 물어왔다.

"그래, 그래. 우리는 여기에 있는 다른 스타트업 그 어디보다 더 잘 할 수 있어."

자만에 빠져 속으로 생각했다. 모든 게 계획대로 진행 중이다. 아니, 모든 일이 계획보다 더 잘 진행되고 있었다. 마치 눈덩이가 굴러가듯, 호랑이 등 위에 올라탄 듯. 그렇게 멈추지 않고 성공이라는 종착지를 향해 전속력으로 달려가고 있는 것만 같았다.

컨벤션홀 옆에 마련된 초대형 카페테리아에서 뷔페로 점심 식사가 제공되었다. 자리에 앉아 식사를 하고 있는데, 얼굴과 몸이 둥글둥글한 한 중년이 다가와 "인상적인 프레젠테이션이었다"며 인사를 건네왔다. 그러더니 생뚱맞은 걸 물었다.

"혹시 음악 듣는 걸 좋아하십니까?"

"네, 물론이죠." 다소 뜬금없는 질문에 내가 웃으며 대답했다.

성공이라는, 착각

그러자 그는 뒤에 서 있던 누가 봐도 '보디가드' 같이 생긴 이에게 뭐라 말을 건넸다. 잠시 사라졌던 보디가드는 몇 분 후 쇼핑백을 들고 돌아왔다.

"선물입니다." 테이블 맞은편에 계속 앉아있던 둥글둥글한 중년이 내게 쇼핑백을 건넸다. 쇼핑백 안에는 미키마우스가 쓰고 다닐 법한 귀마개 모양의 헤드폰이 담긴 박스가 있었다. 헤드폰에 무지하고 관심이 없던 나는 건성으로 감사하다고 대답했다. 컴퓨터 게임을 좋아해서 업무시간에 늘 꾸벅꾸벅 졸고 있던 직원에게나 갖다 줘야겠다 생각하며. 둥글둥글 중년은 자신의 명함을 건네고 내 명함을 받아간 뒤 SNS 아이디까지 교환하고 나서야 내가 귀찮아한다는 걸 깨닫곤 자리에서 일어나 어디론가 사라졌다.

그가 자리를 떠나자 한국에 있는 직원들과의 메신저 대화방에 방금 선물받은 헤드폰 사진과 그가 줬던 명함 사진을 공유하며 물었다.

"이 헤드폰 회사 유명한 곳인가요?"

"헐…. 대표님, '닥터 드레'도 몰라요?"

송 팀장이 기가 막힌다는 말투로 되물었다. 늦깎이 작은 스타트업 대표인가 했던 그 둥글둥글 중년은 전 세계 헤드폰 시장을 석권한 Beats by Dre의 대표였다. 회사 규모와 매출 면에서 소니Sony급 글로벌 대기업의 대표가 굳이 내가 식사하고 있던 자리로 찾아와 먼저 인사하고 선물까지 주고 갔다. 괜히 어깨가 들썩였다.

현지의 벤처 투자자들이 인근의 자기 사무실로 옮겨 조금 더 얘기를 나눠보고 싶다고 요청해왔지만 잔뜩 우쭐해져 있던 나는 거만하게 사양했다. '아쉬우면 본인들이 한국으로 찾아오겠지' 혹은 '우리 회사가 얼마의 가치를 지닌 것인지 아직 모르겠다. 괜히 헐값에 투자 받기에는 너무 이르다. 돈이 급한 것도 아니고' 이런 생각을 하면서.

"허 참, 저 형님은 여기에 뭐 전단지나 나눠주러 왔나?"
한국에서 함께 출발한 모 스타트업의 모 대표는 그날 내내 식사도 안 하고 열심히 행사장을 돌아다니며 자신의 회사 팸플릿을 돌리고 있었다. 조금이라도 자신의 말에 귀를 기울이는 이가 있으면 바로 스마트폰을 꺼내 애플리케이션을 보여주며 그렇게 하루 종일 자기 회사가 하고 있는 서비스를 홍보하고 소개하고 있었다.
'여기까지 초청받아 올 정도의 급이라면, 저런 일은 직원 시키거나 굳이 안 해도 되는 거 아냐?' 그런 생각이 들었다.
그랬다. 이런 국제 행사 자리에 귀빈으로 초청되어 온갖 호사를 누리고 쟁쟁한 스타트업들, 글로벌 대기업들과 어깨를 나란히 하고 있다는 자만과 착각에 빠져 나는 속으로 그런 생각이

성공이라는, 착각

나 하고 있었다.

모든 일정이 끝난 날, 주최 측에 '런던 지사에 볼 일이 있어서'
라는 이유를 대며 영국 런던을 경유해서 서울로 돌아가고 싶
다고 말했다. 그들은 갑작스러운 요청에도 조금의 불평이나 확
인절차 없이 몇 분 만에 바로 새로운 항공권을 보내줬다. 돈도
넘쳐나지만 일처리도 대단히 빠른 사람들이었다.

그렇게 잔뜩 우쭐한 채로 굳이 런던을 들러 런던 지사(애스크컬
쳐의 런던 브랜치 오피스는 영국 왕립예술대학 RCA 캠퍼스 내의 다이
슨 빌딩 창업센터에 있었다)에서 일하고 있는 직원들을 찾아 회의
후 회식을 했다. 무슨 대통령 순방 마냥 뒷짐 지고 사무실을 휙
둘러본 후 회의를 가장한 업무보고를 받곤 '좋아요, 잘하고 있
군요. 이제 가서 밥이나 먹읍시다'하고 온 것이다.

그러곤 혼자서 프리미어리그 손흥민 선수의 경기를 관람했다.
경기장 인근에서 그와 사진을 찍고 사인까지 받은 뒤 기분 좋
게 한국으로 돌아갔다. 귀국하는 비행기에서 깊이 잠이 들었는
데 우리 회사가 유니콘 기업이 되어 보디가드를 대동하고 으
스대고 다니면서 어린 친구들에게 사인해 주는 꿈을 꿨다.

그로부터 불과 4년 뒤, '우리가 무슨 잡상인도 아니고 저렇게
까지 열심히 해야 되나?' 하는 마음으로 바라봤던 어느 스타트

업 대표는 회사를 코스닥에 상장시키고 시가총액 2,000억 원에 달하는 대기업으로 성장시켰다.

작은 일에도 쉽게 들뜨고 건수만 생기면 자만에 빠져 우쭐대기 바빴던 또 다른 어느 대표는 그 포럼을 다녀온 지 불과 몇 개월 뒤, 모든 사업 프로젝트를 중단해야 했고, 직원도 사무실도 없는 상태에서 빚만 잔뜩 남게 되었다.

성공이라는, 착각

인심 후하고
잘 베푸는, 멋진 선배

구두쇠처럼 생각하고 행동하는
그 대표가 좀처럼 이해가 가질 않았다.
'충분히 잘 벌고 있는데,
왜 많이 안 나누지?' 그렇게 생각했다.
나는 다른 사람이라고, 주변 사람들에게
기쁨과 보람을 나눌 줄 아는 사람이라고
생각했다. 그래서 조금도 아낌없이 썼다.

"애들아, 밥이나 먹으러 가자."

"선배가 사주는 거야?"

"내가 언제 너네한테 얻어먹는 거 봤냐? 빨리 따라와 자식아."

드라마 〈그들이 사는 세상〉에서 현빈은 그렇게 동료와 후배들한 무리를 잔뜩 이끌고 사무실을 나섰다. 극중에서 그는 늘 정의로웠다. 그리고 주변 사람들을 위해 항상 발 벗고 나서는 멋진 선배였다. TV로 봤던 현빈의 극 중 모습이 어찌나 멋있고 쿨해 보였는지, 뇌리에서 잊히지가 않았다.

한 여름이었다. 새벽부터 부지런한 매미 울음소리로 온 빌딩숲이 쩌렁쩌렁 울리는 청계천.

"대표님, 직원들한테 너무 잘해주시는 거 아닙니까?"

건물 복도에서 마주친 옆 사무실의 쥬얼리 회사 대표가 웃으며 말했다.

"네? 뭐가요?"

근처 커피숍에서 산, 직원들에게 줄 아이스 음료를 양손 가득 들고 있던 내가 물었다.

"매일 비싼 배달음식 시켜드시는 것 같고, 이런저런." 그가 내 양손 가득 들려있던 음료를 곁눈질로 보고는 말했다.

성공이라는, 착각

"에이, 아니에요. 잘해주기는요. 다들 고생하는데 늘 미안할 뿐이죠." 나는 짐짓 무심한 척 말했지만, 속으로는 '아니, 이 정도도 직원한테 못해줄 거면 사람 쓰지 말고 자기 혼자 일해야지'라고 생각했다.

근로자보호법이 지금보다 느슨하던 7~8년 전, 할 수 있는 최대한으로 직원들을 대했다. 스타트업의 특성상 야근이 많을 수밖에 없었다. 프로젝트 기한에 맞추려면 불가항력이었다. 특히 개발팀과 디자인팀이 그랬다. 그래도 가급적이면 오전 10시 출근, 오후 7시 퇴근을 지켜주려 했다. 부득이 야근이나 주말 출근을 할 경우엔 법적으로 정해진 계산법에 맞춰 정확히 수당을 지불하거나 주중에 대체 휴일을 갖도록 선택권을 줬다. 줄 수 있는 선에서 월급도 최대한 주려고 했다. 당시는 최저 시급이 6,030원이던 때였다. 법으로 정해진 최저월급은 1,260,270원이었다. 막내직원은 아직 미성년자였다. 특성화고등학교 3학년 취업반이었던 그 친구에게 우리 회사는 매달 실제 수령액(세후)으로 200만 원 초중반의 급여를 줬다.

"대표님의 회사 막내직원 월급이 제 월급보다 많네요."
주변의 다른 스타트업 대표들이 그 이야기를 듣고는 내게 웃으며 말했다. 그때는 그게 농담이라고 생각했는데 지금 돌아보면 우회적인 조언(혹은 조롱)이었을지 모른다는 생각이 든다.

직원복지에도 늘 신경 썼다. 직원의 각종 경조사를 모두 챙겨
주는 건 물론이고 식비는 특히 아끼지 않았다. 매일 점심으로
회사 근처 광화문의 특식을 먹으러 다녔다. 정해진 것보다 더
주고, 더 해줬다. 그래도 되는 줄 알았고, 응당 그래야 하는 줄
알았다.

물론, 그래도 된다. 당연히, 그래야만 한다. 단, 회사가 제대로
수익을 내고 있다면.

회사가 수익이 없거나 적다고 해서 법정 최저임금보다 덜 주고,
식사를 부실하게 때우며, 주당 근로시간을 정부 당국 몰래 이런
저런 편법으로 어겨가며 사업을 하라는 얘기가 아니다. 그런 식
으로 회사를 운영할 거면, 차라리 그런 회사는 없어지는 게 우
리 사회를 위해 바람직하다.

한류기획단의 융합한류사업을 수행하던 그 해에 회사 통장에
는 수억 원 이상의 프로젝트 자금이 있었다. 프로젝트를 위한
정부의 출연금이 반, 우리의 출연금이 반이었다. 정확히는 신
용보증기금을 통해 빌린 나의 출연금이 반이었다고 하는 게
맞겠다.

1년 단위의 프로젝트 자금이기에 그 해에 다 써야했다. 수익

원이라는 돈은 직원 한 사람 당 몇만 원짜리 점심 식사를 자주 한다거나 아직 미성년자인 막내직원에게까지 법정 최저임금보다 매월 100만 원 이상씩을 더 준다고 해도 쉽게 줄어들지 않으니까.

오히려 옆 사무실의 대표가 이해가 안 갔다. 매일 밤늦게까지 야근하고 있는 직원들에게 비싼 배달음식을 시켜주는 일은 거의 없었다. 그들은 늘 바로 옆 건물인 동아일보사 지하 구내식당에서만 식사를 했고, (야근이나 주말 수당을 어떻게 했는지 같은 내밀한 사정까지는 모르지만) 월급을 많이 주는 것도 아니었다.

심지어 그 쥬얼리 회사는 이미 그 시점에도 온라인에서 큰 인기를 얻어 제품이 불티나게 팔리고 있었고 꽤 많은 수익을 내고 있었다. 그런데도 구두쇠처럼 생각하고 행동하는 그 대표가 좀처럼 이해가 가질 않았다.

'충분히 잘 벌고 있는데, 왜 많이 안 나누지?' 그렇게 생각했다. 나는 다른 사람이라고, 주변 사람들에게 기쁨과 보람을 나눌 줄 아는 사람이라고 생각했다. 그래서 조금도 아낌없이 썼다.

회사가 아직 수익을 내지 않고 있는 상황에서 빌린 돈을 내 돈인 양 착각하고 정말이지 펑펑 써댄 것이다.

그 이듬해에는 본격적으로 사업이 펼쳐지려 하고 있었다. 확실한 수익모델이 있었다. 정부와 함께 하고 있는 융합한류 지원 사업도 사실상 1년 단발이 아닌 다년간의 장기 프로젝트로 진행되려 하고 있었다. 적어도 나보다 그 사업과 프로젝트의 취지를 잘 이해하고 확실하게 수행할 벤처기업은 없다고 여겼다. 관련 부처나 기관의 관계자들도 이듬해의 프로젝트에 대해 진작부터 운을 띄우고 있었으니까.

돈은 곧 또 들어올 테고, 앞으로 잘 벌 일만 남았다. 그러니 지금 고생하는 초기 멤버들, 한껏 정이 든 팀원들에게 해줄 수 있는 최대로 잘 하자고 생각한 것이다.

요컨대, 빌린 돈을 가지고 아직 달성하지도 않은 성공을 담보로 하여 직원과 주변 사람들에게 잔뜩 생색을 내고 이미 성공한 사람처럼 굴고 있던 것이다.

얼마 전, 아주 오랜만에 그 쥬얼리 대표와 안부를 나눴다. 그 회사는 그때의 초창기 멤버가 거의 그대로 7년째 팀을 유지하면서 그때보다 몇 배는 더 성장해 있었다. 회사는 20·30대들이 주로 이용하는 쥬얼리 쇼핑몰로 온라인에서 톱 순위에 들 정도로 성장했다.

구두쇠인줄 알았던 그 대표는 그간 고생한 자기 직원들에게 임금을 천천히, 그러나 꾸준히 올려줬다. 지금 그 회사의 직원들은 어지간한 대기업 직원 못지않은 임금을 받고 있다. 회사가 확실하게 자리를 잡고 매출과 영업이익이 증가세를 유지하자 직원복지도 좋은 알짜배기 강소기업이 된 것이다.

나 역시 '지속가능한 수익창출'을 위해 투자했어야 했다. 보다 효과적으로 지출했어야 했다.

이를 테면, 이후로도 계속 발목을 잡았던 '애플리케이션 개발' 같은 사업의 근간에 더 많은 투자를 한다거나 '플랜 B' 혹은 '플랜 Z'를 준비해서 사업이 예기치 못한 위기를 만났을 때를 대비해야 했다. 오히려 그렇게 회사의 내실을 탄탄히 하는 일이 나를 믿고 한 배에 올라탄 직원들을 진짜 위하는 길이며 사업을 위한 가장 건강한 선택임을 그때는 몰랐다.

그렇게 1년을 보낸 뒤 프로젝트 자금을 모두 소진했다. 그리고 '그 사건'이 일어나자, 준비하고 예정되어 있던 모든 사업 계획이 증발해버렸고, 더 이상 비전이 없는 회사에 남은 직원은 단 1명도 없었다. 이보다 더한 리더십의 실패가 있을까.

언제나 주변 사람에게 가능한 한 많은 것을 해주려 했다. 가능한 것은 전부 했다. 물론 나 역시도 그들에게 무엇인가를 요구했다. 가령 업무적인 성과, 인간적인 친밀함과 유대 같은. 하지만 결론적으로 잘 되지 않았다.

그것은 괴롭고 애석하고 안타까운 일이었다. 하지만 분명하게 대표인 내 책임인 것이다. 사업이 그렇게 된 이상, 그들이 떠나가는 것은 당연한 일이었다. 어쩌면 처음부터 실패는 예고된 일이었을 수도 있다. 그들도 알고 있었고, 나도 알고 있었다. 하지만 우리는 희망을 품고 성공이라는 기적을 위해 함께 고군분투했다.

고대하던 그러한 날은 오지 않았다. 그리고 그들은 떠났다. 정확히 말하자면, 그들은, 그들 역시도, '할 수 있는 최선을 다하고' 떠났다. 그러니 당시엔 안타깝고 애석했어도, 지금 남아있는 감정은 고마움과 그리움뿐이다.

어느 드라마 속에 나오는 정의롭고 주변 사람을 따뜻하게 잘 챙겨주는 주인공처럼. 그렇게 살고 싶었던, 직원에게 후하고 인심 좋았던 어떤 대표는, 올해로 혼자 일한 지 6년째가 되었다.

**방송가 핫플레이스
루프탑 카페하루의, 호스트**

따로 홍보를 해야 하는 번거로움도
없었다. 한번 방송가에 입소문이 나기
시작하자 여러 제작진에게 계속
대관 요청이 들어왔다. 그냥 가만히
있어도 사업이 잘 되고 있는 셈이었다.

비교적 최근의 일이다. (뒤에 자세히 이야기하겠지만) 애스크컬쳐의 한국문화 공유 플랫폼 사업이 실패로 끝이 났다. 어쩔 수 없이 새로운 사업을 찾아야 했다. 긴 고심 끝에 오래되고 낡은 주택을 임대해 리모델링하기 시작했다.

서울 서대문구 북가좌동 소재의 근린생활시설이었던 아버지 명의의 단독주택을 임대했다. 1985년에 내가 태어난 집이었다. 그보다 더 이전인 1971년도에 친할아버지께서 직접 지으신 집이기도 했다.

'잠깐, 가족 간의 무슨 임대야?' 이런 생각을 할지 모르겠지만 보증금, 월세, 계약 조건, 계약서 등 일반적으로 세입자와 집주인 간의 임대차 계약에 필요한 모든 것들을 하나도 빠짐없이 절차대로 진행했다. 심지어 딱히 '주변 인프라'라고 불릴 만한 시설이 아무것도 없는 동네치고는 다소 높은 임대료를 지불했다. 근처에 그 흔한 카페도 하나 없다.

5년이 지난 지금까지 매월 20일, 월세 내는 날을 단 한 번도 어기지 않았다. 그러니까 가족의 건물(주택)을 활용해서 사업을 한다는 것에 대해 누군가로부터 "에이, 복 받았네"라는 소리를 들을 때마다, 꽤 억울하고 답답한 기분이 되곤 했다.

어쨌든 오래되고 낙후되어 그대로는 남한테 세조차 주지 못할 상태로 방치되어 있던 그 주택을 활용해 일단은 돈부터 다시 벌자고 생각했다.

소프트웨어는 낡았지만 하드웨어는 제법 괜찮았다. 우선, 지리적으로 교통의 이점이 있다. 4개의 지하철 노선이 있는 디지털미디어시티 역에서 도보로 5분 거리였고, 서울 곳곳으로 향하는 버스들이 정차하는 대형 버스정류장과는 불과 50m도 채 되지 않는 대로변에 위치해 있었다.

작은 연못이 있는 넓은 정원을 ㄱ자 모양의 건물이 감싸고 있고 3층 옥상은 광활하다는 표현이 부족할 정도로 넓었다. 지은지 50년이나 된, 그래서 모든 게 낡고 허름한 건물이었지만 구조가 꽤 독특해서 여러 방식으로 활용이 가능해 보였다.

분명, 잘만 다듬으면 꽤 멋진 곳으로 탈바꿈하리라. 라호야La Jolla(스페인어로 보석이라는 뜻)처럼. 이 원석을 잘 다듬어진 보석으로 만들어야겠다,고 결정했다.

그동안 해외출장과 여행으로 세계각지를 다니며 찍어둔 예쁜 집과 독특한 공간 사진을 프린트했다. 벤치마킹할 수 있는 부분들을 모두 긁어모아 어떻게 여기에 접목시킬까 고민했다.

겨울 내 얼어있던 땅이 완전히 녹고 다시 희망이 엿보이던 그해 4월, 봄기운이 망설임 없이 폭발하던 그 계절에 본격적인 대공사를 시작했다. 건축을 전공하고 관련 자격증을 가지고 있던 아버지의 조언이자 경고에 따라 혹시 모를 안전사고를 예방하기 위해 각 건물의 층 사이사이를 보강하는 작업부터 했다.

공사는 난생 처음이었다. 인테리어 회사 대표와 상의해 목수, 페인트, 수도설비, 전기설비 전문가들을 불러 모아 집 구조만 빼고 전부 뜯어고치기 시작했다. 건물 구조를 보강하느라 준비해뒀던 예산의 절반을 이미 써버렸다. 덕분에 공사비가 빠듯해졌다. 결국 인건비를 줄이기 위해 인부 중의 한 사람으로 매일 새벽부터 작업자들과 함께 했다. 결코 가볍지 않은 내 몸무게의 배는 나갈 것 같은 목재와 건축자재를 옮기는 일부터 청소와 잔심부름까지, 모든 허드렛일을 도맡았다.
지게를 짊어지고 묵묵히 순례길을 걷는 수행자처럼 매일 공사에 참여했다. 평소에 안 쓰던 근육들이 비명을 지르고 땀이 비 오듯 흘러내렸지만 그렇게 뭔가에 열중하고 몸을 고되게 하는 일은 신기하게도 마음의 평온을 가져다줬다.

"형님, 이제 슬슬 끝이 보이네요."
평소 내게 무슨 일이 있을 때마다 자기 일처럼 두 팔 걷고 도와주던 후배 주원이가 옥상 화단에 넣을 흙 포대자루를 옮겨주며 말했다.
"그러게, 드디어 끝이 보이긴 하는구나."

폐가 같았던 건물이 삼청동이나 청담동에 있는 카페나 레스토랑 건물처럼 예쁘게 변해가는 모습을 눈으로 지켜보는 건 제법 즐겁고 보람찬 일이었다.

공사는 노력을 들이는 만큼 그 성과가 확실하게 눈으로 보이는 매력적인 일이다. 성취감이 남달랐다. 물론 아끼고 아껴도 결과적으로 수억 원의 공사비가 들긴 했지만.

이제 정말로 밑천이 다 떨어졌다. 하지만 괜찮다. 돈은 또 벌면 된다. 중요한 건 희망이다. 내 안에서 약하게 꺼져가던 그 희망의 불씨가 다시 불타오르고 있었다.

꼬박 세 달이 지나고 계절이 완연한 여름으로 바뀌었다. 장마가 빨리 끝난 덕분에 공사는 예정된 날짜에 끝났다.

'플리토Flitto'의 이정수 대표를 비롯해서 몇몇 대표들이 완성된 공간을 구경할 겸 격려차 찾아왔다. 사우디아라비아 왕세자의 초청으로 한국을 대표해 함께 사우디를 다녀왔던 멤버들이었다.

우리는 3층 루프탑에서(그즈음부터 의식적으로 '옥상'이라는 단어 대신에 '루프탑'이라는 단어를 쓰기 시작했다) 바비큐 파티를 했다. 여름 특유의 적당히 습한 바람이 불어왔고 밤공기마저 유난히 맑은 날이었다. 루프탑에서 바비큐 파티하기 딱 좋은 저녁이었다.

"그래서 앞으로 여기를 어떻게 활용할거라고?"

이정수 대표가 물었다.

그는 "그래서" 혹은 "그러면"으로 시작하는 말투가 습관화된 사람이었다. 이후 계획과 비전의 중요성을 재차 확인하는 것처럼.

하긴, 예상했던 것보다 공사비 지출이 커져서 이제 빨리 돈을 벌어야 하긴 했다.

"우선 애스크컬쳐의 사무실로 쓰면서 한국문화체험을 할 수 있는 장소로 운영해 보려고요."

"그것도 좋긴 한데, 방송 촬영장으로 대관해 주면 딱일 것 같아. 생각해 본 적 있어?" 그가 물었다.

"에~이, 무슨 방송 촬영이에요. 이런 곳에."

너스레를 떨며 답했지만 머릿속으로 그런 식의 활용을 상상해 봤다. 방송 촬영이라…, 가능할까?

"여기 건너편이 상암동이지? tvN 방송국에 친한 후배가 있는데, 내가 한 번 물어볼게." 그가 말했다.

이정수 대표는 추진력이나 행동이 (그게 최대 장점인) 나보다 더 빠른 사람이다. 무어라 대답하기도 전에 그가 어디론가 전화를 걸었다.

"원택아. 너희 요즘도 야외 촬영하지?"

무심한 척 했지만 그 통화에 잔뜩 귀를 기울이고 있었다.

"나 지금 상암동 근처거든, 북가좌동? 친한 동생이 꽤 큰 건물을 리모델링해서 사업장으로 오픈하려고 하는데, 여기 꽤 예쁘네.

성공이라는, 착각

너희 촬영장 필요하면 소개해 주려고. 사진? 그래 보내줄게."

그가 전화를 끊고는 나한테 연락처를 하나 넘기며 그쪽으로 찍어둔 사진이 있으면 보내보라고 했다.

그가 소개해 준 사람은 CJ E&M의 오원택 PD였다. 〈SNL코리아〉의 PD였던 그는 사진을 보자마자 이틀 뒤에 촬영하러 가도 되겠냐고 물었다. 걸그룹 '티아라' 편의 야외촬영을 여기서 찍고 싶다는 말을 덧붙였다.

'뭐? 걸그룹이 여길 온다고?'

신기함 반, 설렘 반으로 그들을 기다렸다.

이틀 뒤 수십 명의 제작진들과 함께 티아라 멤버들이 도착했다. 지연, 함은정, 효민, 큐리와 함께 프로그램의 고정 출연자인 탤런트 정상훈 씨가 왔다. 촬영장 분위기는 맑은 여름 날씨만큼이나 화창하고 화기애애했다. 〈SNL코리아〉라는 자유분방한 프로그램의 특성 때문인지 스태프들이 모두 즐기면서 일을 하는 듯 보였다.

출연자들과 스태프들이 연신 "공간이 참 예쁘다"고 자기들끼리 하는 말을 옆에서 듣자니 내심 어깨가 들썩여졌다. 숱한 고민과 시행착오 끝에 디자인했고 하나하나 땀 흘려 만든 공간이었다. 내 눈에만 예쁜 게 아니었구나, 다행이다.

첫 촬영팀이 다녀간 뒤로 그 수십 명의 제작진이 뿔뿔이 흩어져 (촬영팀, 미술팀, 조명팀, 분장팀, 편집팀 등등) 방송가에 입소문을 내줬다.

며칠 지나지 않아 SBS 〈연예한밤〉의 제작진에게 전화가 왔다. 아이돌과 함께 루프탑에서 바비큐 파티를 하며 인터뷰하는 모습을 촬영하고 싶다고 했다. 물론 감사히 예약을 받았다.

일주일 뒤 〈SNL코리아〉 촬영팀 못지않은 대규모의 제작진이 찾아왔다. 그리고 '아이돌'이라는 친구들이 도착했다. 〈프로듀스 101〉 오디션 프로그램을 통해 이제 막 결성된 '워너원Wanna One'이었다. 강다니엘, 박지훈, 황민현 이렇게 세 멤버가 왔다. 그들은 루프탑에서 리포터와 함께 바비큐 파티를 하고 대표곡인 〈나야 나〉와 신곡 〈에너제틱〉을 부르면서 춤을 췄다. 내가 땀 흘리며 수개월간 직접 만든 루프탑을 배경으로.

TV나 스마트폰으로만 보던 연예인들이 내 공간에 찾아온다. 모든 게 신기하고 이질적이다. 마치 꿈을 꾸는 것만 같다.

프로그램 제작진의 허락을 받아 〈SBS 한밤 '워너원' 촬영장 후기〉라는 글을 워너원의 팬 입장에서 애틋하고 위트 있게 작성해 블로그에 올렸다.

이 후기는 수십만의 조회 수를 기록하며 온라인상에서 폭발적인 인기를 끌었다. 방송가에도 더 빠르게 공간이 알려지는 계기가 되었다. 한 순간에 '촬영 맛집'이 된 것이다.

성공이라는, 착각

'루프탑 카페하루'

방송가에서 계속 집 주소로만 불리는 게 부담스러워 이름도 지어줬다. '하루'는 우리집 반려동물인 골든리트리버의 이름인 하루에서 따왔는데 그냥 '루프탑 하루'라고 하면 어감이 영 안 좋다는 친구들의 의견 따라 '카페'를 붙이게 되었다. 루프탑 카페하루. 뭔가 입에 착 붙는 이름이었다. 역시 네이밍 센스가 남다른 친구들이다. 나에게 '프로실패러'라 별명 지어준 바로 그 녀석들이었다. 물론, 커피에 대해 전혀 모르므로 커피를 팔진 않는다. 팔아 볼 생각조차 해본 적이 없다. 말 그대로 이름만 '카페'였다.

유재석, 김용만, 송은이, 김숙, 정형돈, 민경훈, GOD, 박민영, 성시경, 에이핑크, 비, 맛있는 녀석들, 스트레이 키즈, 뉴이스트, 나문희, 인순이, 이광수, 김종민 등등.

대한민국의 유명한 배우, MC, 방송인, 희극인, 가수, 아이돌 등이 다 열거하기 힘들 정도로 많이 찾아왔다. 연예인뿐만 아니라 소설가, 시인, 정치인, 예술인 같은 각계 각 분야의 셀럽들도 각종 영상이나 인터뷰 촬영을 위해 찾아왔다. 영화, TV 드라마, 웹 드라마, 예능 프로그램, 유튜브 콘텐츠, 광고 등 많은 콘텐츠들이 '루프탑 카페하루'에서 촬영됐다. 넷플릭스의 한국 첫 자체제작 프로그램이었던 〈범인은 바로 너〉라는 프로그램도 촬영을 왔다. 루프탑 카페하루는 생뚱맞게도 '촬영 스튜디오'에 매우 제격이었던 것이다.

치밀한 사업계획과 피나는 노력으로 얻어진 성공은 아니었다. 임대한 주택이 마침 방송국과 프로덕션이 밀집해 있는 서울시 마포구 상암동의 바로 옆에 있었다. 공간에 놀러왔던 친한 형의 우연한 소개로 생각지도 않게 방송 촬영장으로 대관해준다는 사업옵션이 생겼고, 첫 촬영팀이 오게 되었다. 연속되는 '우연의 결과'였다.

따로 홍보를 해야 하는 번거로움도 없었다. 한번 방송가에 입소문이 나기 시작하자 여러 제작진에게 계속 대관 요청이 들어왔다. 그냥 가만히 있어도 사업이 잘 되고 있는 셈이었다.

오픈한 이래로 3년간 큰 탈 없이 꾸준히 영업이 잘 됐다. 그렇게 '루프탑 카페하루'는 방송에 단골로 나오는 서울에서, 아니 한국에서 가장 유명한 집이 되었다.

드림카를 소유한, 오너드라이버

드림카? 사실 그런 거 없었다.
차에 대한 로망이나 환상이 전혀
없었기에 포르쉐와 포드, 현대와 혼다
마크도 구분할 줄 몰랐다. 그 정도로
차에 별 관심도 없던 내가 면허를 취득
하자마자 수억 원짜리 차를 구입했던 건
순전히 '자격지심' 때문이었다.

몸이 2~3센티미터 허공으로 붕 떠오른 것 같아서, 거짓말이라고, 이렇게 편한 인생이 세상에 존재할 리 없다는 느낌이 드는 거야. 머지않아 대가를 치를 거라고 둘이서 얼마나 긴장했는지 몰라.

　　-무라카미 하루키 『노르웨이의 숲(상실의 시대)』에서

"나는 지금 일어났어. 다들 출근 잘했지?"

해가 중천에 떴을 때쯤 일어나 휴대전화 메신저로 친구들에게 말했다.

"휴… 진짜… 네가 제일 부럽다. 인마." 친구 하나가 답했다.

전날에 과음을 했다. 마침 루프탑 카페하루에 대관이 없던 일요일이라 부랴부랴 친구들을 초대했고 늦게까지 모임을 가졌다. 새벽녘에 속이 안 좋아 일찍 눈을 뜬 이후로 화장실을 두 번 다녀왔고 그 사이 잠은 달아나 결국 세수와 양치를 했다.

안경을 끼고 침대에 누워 무라카미 하루키의 『노르웨이의 숲』을 읽기 시작했다. 수십 번도 더 읽은 책이었지만 볼 때마다 새롭다. 책을 다 읽고 덮을 때쯤엔 어느새 날이 밝아오기 시작했다. 눈을 감고 한숨 더 잠을 잤다. 점심때가 다 되어서야 일어났다.

그날은 월요일이었다. 친구들이 전날 모임 때 찍은 사진을 공유하며 어제 정말 재미있었다는 이야기를 나누고 있었다. 월요

일이라 괴롭다고 빨리 주말이 왔으면 좋겠다는 친구도 있었다. "오늘 하루도 힘들 내자"라고 말한 뒤 누워서 점심 식사 메뉴를 고민했다.

오후엔 촬영팀이 왔다. 대충 세수만 한 채로 PD에게 대관 이용 규칙에 대해 설명하고 집으로 돌아와 다시 침대에 누웠다.

"오늘 오후는 뭘 해야 하나…" 고민스러웠다. 시간을 함께 할 사람이 없었다. 다들 출근해서 일을 하고 있으니.

결국 누워서 휴대전화로 영화를 몇 편 보고 새벽녘에 읽었던 하루키의 다른 책을 찾아 읽으며 시간을 보냈다. 촬영팀은 자정쯤 되어서야 철수했다. 매너가 좋은 팀이라 뒷정리라고 할 만한 게 거의 없었다. 그들이 다녀간 자리를 잠시 청소하고 집으로 돌아갔다. 하루 일과의 끝이었다.

촬영팀이 하루가 아니라 3, 4일 혹은 그 이상의 일정으로 대관하면 어김없이 여행을 떠났다. 혼자도 갔고, 부모님과도 갔고, 친구와도 갔고, 조카와도 갔다. 3년간 이런 나날의 연속이었다. 하지만 무언가 알 수 없는 불안은 있었다. 모든 게 평화로웠지만 불현듯 심장이 크게 뛰고, 갑자기 주위가 새까맣게 어두워지며 두 다리로 딛고 있는 땅이 한 순간에 사라지는 것 같은 철렁함이 있었다.

힘들게 살다가 별안간 편한 삶을 맞이한 『노르웨이의 숲』에 나오는 미도리처럼, 정체 모를 막연한 불안감은 있었지만 하루 하루 쉽게 흘러갔다. 내 인생이 이렇게 편할 리가 없는데….

루프탑 카페하루를 방송 촬영 스튜디오로 운영하게 된 이후로 30대 초중반, 인생의 황금기를 배짱이 마냥 보냈다. 친구들이 한 없이 부러워하던 그 꿀빨던 시간은 결국 돌이킬 수 없는 허송세월이 되어 부메랑처럼 돌아와 나를 가격했다.

내가 그렇게 시간을 허비하던 사이에 직장을 다니던 친구들은 (월요일마다 투덜거리긴 했지만) 업무에 대한 노하우와 경험을 쌓고 천천히 그러나 꾸준히 승진하고 있었다. 비슷한 시기 창업을 했던 또래의 대표들은 본격적인 사업성과를 내고 있었다. 다들 지속적인 노력을 통해 생산적인 결과물을 만들어내고 있었다. 누군가 작은 성공에 안주하고 '꿀이나 빨던' 시간 동안 또래의 다른 이들은 사회의 중추로 계속 '성장'하고 있었던 것이다.

"어쨌든, 공간의 컨디션을 늘 유지하는 것도 어려운 일이고, 매일 열심히 청소하고 있긴 하니까." 나는 애써 자기합리화를 하고 있었다.

가만히 앉아서 청소만 잘 해두고 있으면 촬영팀이 찾아와 큰돈을 지불하고 갔다. TV로만 보던 연예인들도 하루가 멀다 하고 왔다. 촬영이 없는 날에는 친구들을 불러 파티를 했다. 피츠제럴드의 소설 『위대한 게츠비』의 '게츠비'라도 되는 양 그렇게 지냈다.

문제는 자신을 위한 투자를 전혀 안하며 3년이라는 시간을 보내버렸다는 사실이다. 3년, 적지 않은 세월이다. 뭔가를 새롭게 배우거나 작게나마 다른 일을 준비할 여력이 충분했음에도 아무것도 하지 않았다. 자기계발이라고는 눈곱만큼도 하지 않은 것이다.

루프탑 카페하루를 운영한 지 2년 차가 된 그해 연말에는 뒤늦게 운전면허를 취득했다.

스무 살, 면허를 취득하던 과정에서 도로주행을 할 때였다. 신호를 위반하고 달려오던 버스와 크게 사고가 날 뻔했다. 이후로 운전은 강한 트라우마로 남았다. 그래서 면허 없이 살았다. 그랬던 내가 십여 년 만에 운전을 배워야겠다고 마음을 고친 건, 순전히 엄마 덕분이었다.

엄마가 20년이 넘은 소나타를 (그나마도 아버지가 지인에게 얻어온 중고차였다) 운전할 때였다. 내부순환도로에서 차가 갑자기 멈춰버려 엄마가 큰 사고를 당할 뻔했다. 충격으로 얼이 빠져서 몸을 가늘게 떨고 있던 엄마를 위로하며 말했다.

"엄마, 걱정하지 마. 나 돈 잘 벌잖아. 내가 좋은 차 사줄게."

그 길로 면허학원을 등록했다. 막상 운전대를 잡아보니 운전이라는 게 제법 할만했다. 교통법규만 잘 숙지하고 방어운전을 습관화한다면 운전을 무서워하거나 기피할 필요가 없었다.

면허를 취득한 날, 그 소나타는 바로 폐차하고 가족과 겸용으로 쓸 목적으로 즉시 출고 가능한 벤츠를 한 대 구입했다. 그리고 별개로 내 전용 차를 고심 끝에 골랐다.

포르쉐의 신형 라인업인 '카이엔 쿠페'였다. 개인적인 감상평이지만 과거와 현재를 통틀어 내 눈에 이 차보다 예쁘고 멋진 차는 없었다. SUV라 거대하고 육중했지만 동시에 쿠페라 매끈하고 날렵했다. 이래저래 무척 매력적이고 이상적인 차였다.

계약했다. 면허를 취득하자마자 포르쉐와 벤츠를 한 번에 구입했지만 별로 무리될 금액은 아니었다. 지금의 촬영장 대관사업이 갑자기 망할 일은 전혀 없었다. 리스크 따위는 없다고. 그렇게 생각했다.

포르쉐 센터의 담당 딜러는 "계약이 밀려 있어서 출고까지 대기 시간이 최소 1년 정도입니다"라고 했다. 상관없었다. 이제 막 면허를 취득한 상태라 운전에 익숙해질 시간도 필요했으니까.

면허를 취득하자마자 벤츠를 출고하고 동시에 포르쉐를 계약한 2019년 연말, 그때 나는 걱정거리가 없는 게 걱정일 정도로 평화롭고 평온한 삶을 살고 있었다. 라고 말하고 싶지만,

사실은, 거짓말이다.

성공이라는, 착각

공간을 대관해주면서 속이 들끓는 일이 없지는 않았다. 아니다, 더 솔직히 말하자면 속이 뒤집히는 일이 너무도 잦아 돌아버릴 지경이었다. 세상에는 머릿속에 상식이라는 것 따위가 존재하지 않는 별의 별 인간들이 다 있다는 걸 온 몸으로 체감하던 시기였다.

공간을 더럽게 쓰고 도망가는 팀들은 애교였다. 온갖 것들이 소모품이 되고 있었다. 집 뼈대를 제외한 모든 것이 돌아가면서 파손되고 훼손되었다. 수입이 100이라면 최소한 40 정도는 매번 파손된 것들을 고치거나 새 것으로 교체하는 비용으로 써야했다.

촬영팀이나 대관팀이 와있는 동안엔 루프탑 카페하루와 10분 거리에 있는 본가에서 꼼짝 않고 잔뜩 긴장하고 있었다. 현금이 가득 보관된 창고를 지키는 경비원처럼 CCTV를 노려봤다. 공간에 문제가 생기진 않는지, 대관 중인 팀이 이웃주민에게 민폐를 끼치는 일(이웃의 집 앞에서 집단으로 흡연을 한다거나, 쓰레기를 투척한다거나, 골목을 차량으로 막는다거나, 큰 소음을 낸다거나, 늦은 밤 촬영용 조명을 이웃집에까지 닿게 한다든지 하는)을 하지는 않는지, 실시간으로 확인했다. 조금이라도 문제가 생기면 루프탑 카페하루로 뛰어갔다.

청소도 늘 혼자서 직접 했다. 공간이 너무 넓고 청소할 게 많아서 청소도우미를 한 번에 3명은 불러야했는데 매번 시간 맞추기도 번거롭고 성에 찰 만큼 깨끗한 것 같지도 않았다. 차라리 나 혼자 하는 게 마음 편했다. 어느새 청소의 달인이 될 정도로 그 넓은 3층짜리 주택을 혼자서 매일 청소했다.

'화장실'조차 소모품이 될 수 있다는 것을 그때 처음 알았다. 촬영을 끝낸 어느 촬영 팀이 자기들끼리 뒤풀이를 한다고 과음을 했던 모양인데, 그중 하나가 술에 취해 (어떻게 취하면 그럴 수 있는지는 여전히 미스터리지만) 화장실을 박살냈다.

본가에서 대기 중이던 나는 루프탑 카페하루에서 들려온 건물이 무너진 것 같은 그 큰 굉음에 화들짝 놀라 뛰어갔다. 도착해보니 변기며, 세면대며, 바닥과 벽의 타일이며, 모든 게 부서져 있었다. 흡사 포클레인이 철거를 위해 휩쓸고 간 듯 했다.

"아…, 술이 너무 취해서요, 미안합니다"라며 전혀 미안한 것 같지 않은 말투로 공사비는 변상하고 갔지만 그 난장판이 된 화장실에서 오물이며 구토며 이런 것들을 치우고 있노라니 세계를 누비고 꿈이 넘치던 시기의 내 모습이 떠올라 눈물이 났다.

하나하나 열거하자면 끝도 없지만 대충 이 정도의 상식 밖 일들이 주기적으로 끊임없이 일어났다.

나를 대단한 사람이라고 우러러봐줬던 사람들이 지금 내 모습을 보면 뭐라고 생각할까…. 이를테면, 그 몇 년 사이에 제임스는 와튼스쿨에서 MBA를 졸업하고 뉴욕 맨해튼의 월가에서 금융 애널리스트로서 자신의 입지를 다지고 있었다. 같이 사업을 고민하고 불확실한 미래에 대해 걱정하던 '플리토'의 이정수 대표는 회사를 코스닥에 상장까지 시켰다. 내가 남의 오물이나 치우고 알량한 수입에 만족하며 완전히 주저앉아있던 시기에 그는 회사를 시가총액 2,000억이 넘는 대기업으로 성장시켰다.

이제 더 이상 그런 이들과 어울리지 않는 사람이 되어버린 것만 같았다. 그동안 강연이랍시고 그렇게나 도전이네, 모험이네 떠들고 다닌 이야기를 들어줬던 학생들은 지금 이 모습을 보면 뭐라고 생각할까.

'인생의 황금기를 배짱이 마냥 아주 꿀같이 놀며 보냈다'는 말은 확실히 과장이었다. 아니, 남에게 보여주기 위한 거짓말이다. 스트레스 받는 날의 연속이었다. 결국 이 시기에 우울증이 심해져 약물치료를 받아야했다.

책을 내기 위해 2년 동안이나 매일 출판사로부터 거절당했던 때도, 우리유통과 애스크컬쳐라는 사업이 각각의 이유로 완전히 실패했을 때에도 끄떡없던 정신이었다. 사람에게 매일 끊임없이 치이며 스트레스 받고, 그 시간을 아무 발전 없이 허송세월로 보냈다는 자괴감까지 더해지자 멘탈이 버티질 못한 것이다.

아이러니하게도, 그 시기(루프탑 카페하루에 촬영팀이 매일 오던 시기)는 경제적으로 가장 풍요로운 시기였다. 일하는 시간 대비로 따져본다면 사실 '꽤 성공했다'라고 해도 좋을 정도였다.

그런 시기에 오히려 정신이 가장 피폐했다는 것은 성공의 기준을 돈으로만 생각했던 나로서는 납득하기 힘들었다. 물질이 풍요로운데 정신은 피폐하다니? 내 상식으론 앞뒤가 안 맞았다. 삶의 중요한 무언가를 잃어버린 것처럼 인생이 공허하다고 느껴졌다.

지금까지의 인생에서 굳이 전성기를 꼽으라 하면 가장 경제적으로 풍요로웠던 그 시기는 오히려 맨 후순위다. 으레 하는 말이 아니라 참말로 인생은 돈이 전부가 아니었다.

드림카? 사실 그런 거 없었다. 차에 대한 로망이나 환상이 전혀 없었기에 포르쉐와 포드, 현대와 혼다 마크도 구분할 줄 몰랐다. 그 정도로 차에 별 관심도 없던 내가 면허를 취득하자마자 수억 원짜리 차를 구입했던 건 순전히 '자격지심' 때문이었다.

"어-이, 이것 좀 볼래? 나 이렇게 돈 잘 벌어. 이 정도 차는 타고 다닌단 말이지."

남들에게 이런 말을 하고 싶었을 뿐이다. 그냥 보여주고 싶었던 것이다. 나는 아직 실패하지 않았다고, 무척 잘 지낸다고.

성공이라는, 착각

영원할 줄 알았던 루프탑 카페하루의 성공은 2020년이 시작되자마자 하루아침에 거짓말처럼 무너지기 시작했다. 코로나19 팬데믹이라는 눈곱만큼도 예측하지 못한 재앙이 닥친 것이다.

'미래를 대비하지 않은' 대가가 찾아왔다. 기존에 대관을 예약했던 팀들이 줄줄이 예약을 취소하며 환불을 요청하는 일이 늘어나기 시작했고, 새로운 대관 문의는 아예 없다시피 했다. 불길한 쪽으로는 촉이 기가 막히게 발달한 내 직감이 경고했다. '코로나19인지 뭔지가 금방 끝나지 않을 것 같다. 마음의 각오를 단단히 해라'라고.

1년 넘게 목 빠져라 기다렸다가 이제 막 인수했던 포르쉐는 두 달도 채 타지 못하고 결국 다른 사람에게 팔아야 했다. 허세 따위를 부릴 때가 아니었다. 돌아가는 꼴을 보니 벤츠도 팔아야 할 것 같았지만 그 차는 이미 온갖 생색을 내며 부모님께 드린 후였다. 이미 부모님의 신발이 되어버린 녀석을 다시 돌려달라고 할 순 없는 노릇이었다. 팬데믹이라는 악몽의 시작은 그 정도로 심각하게 다가왔다.

새 차나 다름없던 그 포르쉐를 사간 사람은 나보다 한참 어린, 젊은 대표였다. 강기복 대표는 자신의 이름을 따서 '뽁식당'이라는 체인 레스토랑으로 경기남부 지역에서 프랜차이즈 요식업을 제대로 성공시키고 있었다.

오매불망 기다렸던 포르쉐를 두 달 만에 팔아야 한다는 아쉬움과 박탈감보다 아직 서른도 안된 청년이 팬데믹이라는 최악의 환경에서도 꿋꿋하게 자신의 사업을(그것도 팬데믹으로 인한 타격이 가장 큰 업종 중 하나라는 요식업을) 성장시키고 있다는 사실이 더 충격이었다.

예상하지 못한 팬데믹의 시대를 맞아 '어쩔 수 없다'며 그저 무기력하게 손 놓고만 있었는데, 이 와중에도 성공하는 이들은 있었다.

"아이고, 대표님. 좋은 차 감사히 잘 타겠습니다."

그 대표가 루프탑 카페하루 인근으로 찾아와 차를 인수해 가던 날, 밝은 표정으로 겸손하게 말했다. 차를 몰고 출발하는 그 뒷모습을 보고 있자니 만감이 교차했다. 떼를 써서 억지로 타낸 트로피를 본래의 주인에게 돌려주는 듯한 기분이었다.

그와 헤어진 뒤 루프탑 카페하루로 돌아왔다. 물론 걸어서. 차는 방금 다른 이에게 넘겼으니.

2월말, 아직 겨울의 끝자락이라 그런지 꽃샘추위가 심했다. 하늘에서 작은 눈발이 어지러이 흩날리고 있었다. 눈 밟은 신발이 젖어서 발이 시렸다. 섬뜩할 정도의 찬바람이 가슴팍을 파고 들어왔다. 봄이 아직 멀리 있음을 경고하는 냉기였다.

겨울은 끝나지 않았다. 아니, 이제 시작이었다.

이제부터는 현실이다. 팬데믹은 하나의 계기일 뿐이다. 일이 이렇게 되기까지 보다 근본적인 문제가 있다. 처음부터 다시, 제대로 내 안을 돌아봐야했다.

왜 늘 아무것도 남지 않는 것일까. 어째서? 어디부터 문제가 있던 걸까. 어쩌다 이렇게 되어버린 걸까. 왜 또다시 실패한 걸까. 도대체 어떻게 했으면 더 잘해낼 수 있었을까. 그 해답을 찾기 위해, 우선 과거를 거슬러 올라가야 했다.

고집
내 입장만
생각했다

책임회피
섣부른 모험을
시작했다

조바심
시간관리에
실패했다

욕심
아이디어만
좇았다

몽상
눈앞의 현실과
과제를 외면했다

트렌드
젊은 꼰대가
되었다

소탐대실
작은 것에 집착하다
본질을 잊었다

How to Overcome
Failure

젠더감수성
선입견으로
선을 그었다

자격지심
롤 모델이
없었다

PART 2
실패의,

이유

introduction
development
turn
conclusion

일단 책이 출간만 되면
베스트셀러가 될 거라 자신했다.
세계여행이라는 작은 성공에 취해서
뭐든지 다 해낼 자신감이 생겼고,
그만한 에너지를 가득 품은
끈기 강한 인간이라고
자신을 과대평가하고 있었다.

"보내주신 내용은 편집팀 전원이 검토하고, 기획회의에서 출간 여부를 논의하였습니다. 그 결과, 출간은 어렵다는 답변을 드리게 되었습니다."

한숨을 쉬며 힘없이 이메일 창을 닫았다. 또 거절이구나.
그러니까 지금으로부터 13년 전 일이다. 10년도 더 된 일이라니, 이거 진짜로 고대사를 이야기하는 기분이다.
대학교 3학년, 스물네 살의 나는 주변 친구들이 취업을 준비하며 꽤 열심히 그리고 착실하게 스펙을 쌓는 동안 혼자 완전히 다른 짓을 하고 있었다. 장편의 글을 하나 썼고, 그걸 책으로 출간하기 위해 매주 출판사들의 문을 두드리고 있던 것이다.

그보다 한 해 전인 스물세 살에, 20만 원을 들고 무작정 영국 런던으로 향했다. 런던에서 반년 동안 한인 민박집의 머슴살이를 하면서 자투리 시간을 이용해 다른 일들도 함께 했다.
환경미화원이었던 영국인 친구의 대타로 템즈강의 북쪽 첼시라는 지역에서 동네 청소부 일을 했고, 강의 남쪽 버먼지라는 지역에서 한국인 사장이 운영하는 영국 정통 펍Pub '올드 저스티스Old Justice'에서 무임금으로 매니저 일을 했다. 런던 중심가에서도 일을 했다. 중국인 관광객들을 데리고 시내 곳곳을 돌아다니는 깃발돌이를 한 것이다.

모두 무임금이었지만 팁Tip은 꼬박꼬박 받았기에 6개월 만에 꽤 큰돈을 모을 수 있었고, 이후 유럽, 북미, 중남미, 남미, 아프리카까지 6개월간 세계여행을 마치고 한국으로 돌아왔다.

스물셋. 그때는 생명력이 넘쳤다. 젊고 순박했고 순수했다. 세상 모든 것에 호기심과 관심을 가지고 있었고, 새로운 풍경과 낯선 이들을 한 없이 긍정적인 눈으로 바라보고 있었다. 내가 쓴 글은 그 1년간의 여정을 담은 에세이였다.

23살짜리 청년이 무일푼으로 시작해서 1년 동안 세계일주를 하고 왔다니. 이 얼마나 신선하고 재미있는가?

일단 책이 출간만 되면 베스트셀러가 될 거라 자신했다. 세계여행이라는 작은 성공에 취해서 뭐든지 다 해낼 자신감이 생겼고, 그만한 에너지를 가득 품은 끈기 강한 인간이라고 자신을 과대평가하고 있었다. 스물셋과 스물넷 사이 그 언저리에서 스스로가 대단한 사람인 양 착각하고 있었다. 그러나 그 직후 마주한 현실은 지나치게 이성적이고 냉정했다.

분명히 출판사들이 앞다퉈 책을 출간하자고 달려들 줄로만 알았다. 하지만 출판사들은 하나같이 난색을 표하며 아주 정중하게 그러나 단호하게 거절의 의사를 표했다.

왜 책을 안 내주는 거지? 내 글쓰기 실력이 부족한가? 그런 생각이 들자, 써놓은 글을 '무한 퇴고'하기 시작했다. 그때부터 끝없는 투고와 퇴고의 반복이었다.

책을 내기 위해 출판사에 투고를 하는 여러 방법이 있다. 원고를 출판사 홈페이지에 올리거나, 담당자의 메일로 보내거나, 프린트해서 우편으로 보내거나, 출판사로 직접 찾아가거나. 물론, 나는 모든 루트로 투고했다. 하지만 출판사에서 돌아오는 대답은 어디든 한결 같았다.

"죄송하지만, 어렵겠습니다."

복사해서 붙여놓은 듯해 보이는 성의 없는 문장이 담긴 거절이었다. 아니, 그렇게 거절 의사라도 전해주는 곳은 감사한 경우였다. 대부분의 출판사는 일주일이 지나고 한 달이 지나고 반년이 지나도 연락조차 없었다. 어떤 출판사는 13년이 지난 지금도 홈페이지에 '검토 중'이라고 표기되어 있다. 대단히 신중한 출판사가 아닐 수 없다.

투고를 한다. 답을 기다린다. 거절 의사를 듣는다. 이 과정의 반복이었다. 그렇게 꼬박 1년이 지나갔다. 그 다음 해도 마찬가지였다. 그 사이 대한민국에 있는 거의 모든 출판사에 투고를 했다. 시작한 이상 그만 둘 수는 없었다.

지금 이렇게 쓰고 있는 이 글이 진짜로 한 권의 책이 된 모습을 상상하면 가슴이 터질 듯이 벅차올랐다. 어느 작은 서점의 책장 한 편에 내 책이 있는 모습, 버스나 지하철에서 이름 모를 낯선 이가 그 글을 읽고 있는 장면을 상상하면 갈비뼈 안쪽이 참을 수 없이 간질거려왔다. 그 정도로 간절했고 온 마음으로 그러한 일들이 실현되기를 간절히 원했다. 그러니 도저히 포기할 수가 없었다.

처음 원고를 쓰기 시작한 이후로 여덟 번 계절이 바뀌었다. 2년의 시간이 흘러갔다. 2년, 매일 거절만 당하며 보내기엔 결코 짧지 않은 긴 암흑의 시간이었다.

2011년 8월 여름이 깊었던 무렵, '그 메일'이 왔다.

지푸라기라도 잡고 싶은 심정으로 창비 출판사의 인문사회출판부에 전화를 걸어 원고에 대한 투고 상담이 가능할지 정중히 문의했다. 전화를 받았던 편집자는 우선 원고를 보내달라고 했다. 그 편집자가 열흘 동안 원고를 꼼꼼히 검토해 보고 연락을 준 것이다. 그는 일면식도 없는 청년에게 성의와 진심을 가득 담은 편지를 보내줬다.

New Message

안녕하세요? 창비 인문사회출판부의 OOO입니다.

보내주신 귀한 원고와 기획안 등, 감사히 받았습니다.

1부 런던 편 샘플에서 느껴지는 패기, 겸손함 등이 읽는 사람의 마음을 훈훈하게 만드네요. 잘 읽었습니다. (중략)

왜 자신의 이 경험을 많은 독자들에게 들려주려고 하시나요? 홍선기님의 경험이 기존의 수많은 여행기와 무엇이 다른가요?

한 사람의 한국인이 외국에서 고생하면서 살아온 이야기는 이것 말고도 많습니다. 서점에 가서 어느 여행기를 펼쳐보나 각각의 이야기는 재미있습니다. 일반인들이 평상시에 경험하기 힘든 새로운 이야기들이기 때문이지요.

REPLY

메일의 본문 텍스트를 복사해 워드프로세서로 옮기고 프린트했다. 자세를 바르게 고치고 앉아 편지를 천천히 정독했다. 메일은 전부 합치면 A4용지로 열 장은 될 만큼 장문이었다.

사람들은 여행을 다녀와서 그 기록을 주위 사람들과 나누고 싶어 하지요. 단순히 안부전화로 알리기도 하고, 아니면 블로그나 트위터 등으로 소식을 알립니다. 그러곤 여러 가지 피드백을 받곤 하죠. '부럽다' '즐거워 보인다' '나도 해보고 싶다' '글 잘 쓴다'….

그렇다면 그 기록을 반드시 책으로 남겨야 하는 이유는 무엇일까요?

제가 여쭤보고 싶은 게 바로 이것입니다.
선기 님은 이미 몇몇 사람들과 이 기록을 공유했을 것입니다. 더불어 이 기록을 '반드시' 책으로 엮고 싶다고 하셨는데, 그 감동과 즐거움을 친구들이 아닌 더 많은 사람들이 공유해야 한다고 보는 이유는 무엇인가요?

한 출판사가 어떤 책을 출간하기로 결정했을 때에는 그 책의 판매만을 따지는 게 아니라는 말은 괜한 인사치레가 아닐 것입니다. 그 책이 지닌 생명력과 가치에 대한 평가가 기반이 된 것이지요. 말씀하신 유수의 출판사들이 홍선기 님의 책의 출판을 어렵겠다고 결정한 이유도 저는 비슷하다고 봅니다. (중략)

아무튼 저는 기본적으로 어떤 책이 지닌 가치는 그 필자가 오랫동안 가슴속에 품어온 어떤 화두가 일상생활을 살아가면서 어떻게 갈고 닦아져 결국 어떤 '핵심'에 이르게 되었는지에 달려 있다고 봅니다.

꼭 이번 여행이 아니었더라도 또 다른 여행에서, 혹은 타지로의 여행이 아니라 바로 현재의 일상에서 같은 답을 찾아보시고 글을 써보셔도 좋을 듯합니다.

건필을 기원하며, 이만 줄일게요.

✎ ☺ 🗑   REPLY

벽에 머리를 세게 부딪친 것처럼 정신이 번쩍 들었다. 그동안 책을 내고 싶다는 지극히 개인적인 욕심으로 내 입장에서만 마냥 떼를 쓰고 있었던 것이다.

한 권의 책을 만들기 위해 많은 인력과 시간과 큰 비용을 투자해야 하는 출판사의 입장, 그리고 수많은 책들 중에서 굳이 이 책을 택하고 구매하여 읽어줄 독자의 마음 같은 건 조금도 고려하지 않았던 것이다. 그러니 모든 출판사에서 거절을 당할 수밖에.

기존의 수십, 수백, 수천 번 고쳐 썼던 원고는 미련 없이 지워버렸다. 처음부터 다시 썼다. 풍경이나 배경 묘사, 개인적인 감상 같은 건 최대한 자제하고, 순전히 '만남'에만 집중했다. 사람과의 만남과 그 일화가 나에게 줬던 '생각의 변화'에 대해 서술했다.

새로 쓴 초고를 국내에서 가장 큰 출판사 다섯 곳에 보냈다. 며칠 뒤에 원고를 보낸 출판사 다섯 곳에서 모두 전화가 왔다. 출간을 하자는 연락이었다. 그중에 세 곳과 미팅을 가졌고, 내 글과 나라는 사람에 대해 가장 큰 호감과 호기심을 품고 있던 P 대표가 있는 웅진리빙하우스와 출간 계약을 맺었다.

'출판권 및 전자출판용 배타적 발행권 설정과 기타 저작권 사용 계약서'라는 길고도 어려운 제목의 출간 계약서 첫줄에 있던 '저작권자(작가)'란에 이름을 기입하는 순간엔 콧잔등이 시큰거려왔다.
계약서에 사인한 날, 출판사가 있던 대학로 거리를 기분 좋게 걷고 또 걸었다. 목덜미에 내려앉는 한여름의 햇볕이 따갑다는 생각이 안 들 정도로 기분 좋은 산책이었다.

이듬해 2012년 5월, 책은 『어쩌면 가능한 만남들-나를 키운 지구촌 인터뷰』라는 제목으로 출간되었다. 수십만 부 이상의 초 베스트셀러가 되는 판매부수는 아니었지만, 출판시장의 불황을 뚫고 5쇄까지 판매되었다. 그 해의 에세이 분야 베스트셀러 순위에도 들어갔고 '교보문고 광화문 본점'에서 저자 사인회라는 것도 했다.

"당신의 입장만 생각하지 말고, 그것을 만들어줄 사람과 그것을 소비해줄 사람의 입장도 생각해봐라."

그때 만약 아무도 이런 조언을 해주지 않았다면 그래서 끝까지 생산자로서의 내 입장만 고수했다면, 과연 그 글이 한 권의 책으로 출간될 수 있었을까?
주변의 누군가가 뭔가를 시작해 보겠다고 하면, 이를테면 그게 책을 쓰는 일이든, 사업을 시작하는 일이든, 유튜브 콘텐츠를 제작하는 일이든, 그게 뭐든. 세상에 내놓을 무언가를 만들겠다는 친구들에게 가장 먼저 이 이야기를 해주고 싶다.

욕심
아이디어만 좇았다

이제는 다른 사람의 물건을
대신 팔아주는 중개유통업이 아니라
뭔가 획기적인 아이템을 직접 만들어서
'대박'을 한 번 내보고 싶었다.
신문과 인터넷을 뒤지며 아이디어를
찾다가 획기적인 아이템을 발견했다.

실패의, 이유

여전히 고대사에 가까운 2011년은 대학생 창업, 청년 창업에 대해 지금처럼 우호적인 분위기는 아니었다. 정부나 공기관의 청년 창업지원 같은 것도 극히 드물었고, 체계화된 창업교육 시스템이나 창업지원센터 같은 것도 지금과 비교하면 거의 없는 수준이었다. 간혹 그런 센터나 제도가 있어도 실무를 담당해야하는 창업육성 전문 인력은 전무한 시기였다.

그나마 대학교 혹은 고등학교 졸업 후에 창업을 하는 친구들은 (이조차 극히 드문 경우이긴 했지만) 십중팔구 경제적으로 풍요로운 부모에게 창업자금을 지원받아 카페라던가 가게, 인터넷 의류 쇼핑몰을 시작하는 게 전부였다.

안타깝게도 나에게는 해당 사항이 없는 다른 세상 친구들의 이야기였다. 그렇지만 겨우 부잣집에서 태어난 것만으로, 고작 좋은 패牌 몇 개 더 쥐고 태어났다는 것만으로 신에게 선택받았다고 착각하는 이들에게 져주고 싶은 마음은 없었다.

스물다섯. 대학교 졸업을 앞두고 농축산물 유통·특판 업체를 창업했다. '우리유통', 첫 창업이다.

'지역별 특산품을 찾아 전국을 돌아다니고, 생산자들을 만나 일정 물량을 확보해서 카탈로그로 묶는다. 그리고 대기업이나 관공서의 명절 직원 선물이나 사내 기념일 선물로 제안한다.'

이게 당시에 생각해낸 자본금 없이 도전해 볼 수 있는 사업 아이템이었다. 사업의 핵심은 돌아다니고, 찾아내고, 설득하는 일이다. 어느 정도 자신 있는 일들이라고 생각했다.

전국을 돌아다닌다니. 꽤 재미있는 일이라고 생각했다. 보물을 찾아 항해에 나서는 해적처럼 들뜬 마음으로 바삐 움직였다. 사업계획서조차 작성해 보지 않고, 말 그대로 맨몸으로 시작했다.

우여곡절이 '정말' 많았지만 사업은 다행히 정상궤도에 올랐다. 몇 년의 시간이 흐른 뒤, 곧 다가올 설날을 앞두고 '명절 선물세트' 아이템을 준비할 때였다. 슬슬 돈을 더 벌고 싶다는 욕심이 생겼다. 마치 영국의 민화인 『잭과 콩나무』에 나오는 콩나무처럼, 자고 일어나니 욕심이 어느 순간 쑤욱 하고 자라 있었다. 이제는 다른 사람의 물건을 대신 팔아주는 중개유통업이 아니라 뭔가 획기적인 아이템을 직접 만들어서 '대박'을 한 번 내보고 싶었다. 신문과 인터넷을 뒤지며 아이디어를 찾다가 획기적인 아이템을 발견했다. '복 떡국 떡'이다.

설날이면 온 가족이 모여 떡국을 함께 먹으며 새해 인사를 나눈다. 우리의 오랜 전통이다. 설날에 떡국을 먹는다는 행위는 단순히 음식을 섭취하는 게 아니라 그럼으로써 나이를 한 살 더 먹는다는 상징적인 의미를 함께 가지고 있다. 그냥 떡국과는 다른 것이다.

복 떡국 떡은 우리가 설날에 먹는 떡국에 들어가는 떡에 '복'이라고 한글로 각인된 떡이다. 이걸 본 순간 머릿속에 번쩍 하면서 하나의 캐치프레이즈가 떠올랐다.

"새해 복 많이 잡수세요."

설날 명절 인사로 "새해 복 많이 받으세요"가 아니라 서로 복 떡국 떡을 선물하면서 "새해 복 많이 드세요" 라고 인사를 하는 장면이 머리를 스쳤다. 온 몸에 소름이 돋았다.
"이거다. 이거야!"
패키지 디자인부터 무척 공을 들여 아이템을 다듬어가기 시작했다. 그때까지 벌고 모아둔 돈을 아낌없이 투자했다. 상관없다. 이건 반드시 성공할 아이템이니까. 남들이 하기 전에 빨리 세상에 퍼뜨려야 한다. 속도전이다. 먼저 선점해야 한다. 모름지기 사업가라면 이때다 싶은 순간에는 과감해질 필요도 있지, 라고 당시의 나는 생각했다.

판매를 위한 모든 준비가 다 끝났을 때, 샘플로 한 세트를 본가로 가져갔다. 가족에게 웃으며 소개했다.
"이거 이름이 복 떡국 떡이야. 어때?"
이야기를 듣고 있던 엄마의 표정이 영 밝지 않았다. 그런 엄마의 표정은 떡국을 끓이며 점점 더 어두워지기 시작했다. 떡국을 다 끓였을 때, 엄마의 짙은 한숨 소리가 거실에 앉아있던 내 귓가에까지 들려왔다. 내내 뭔가에 홀려있던 나는 그제야 직감했다. 뭔가 일이 잘못됐구나.

"한 번 먹어봐." 엄마가 낮게 깔린 어투로 말했다.

국그릇에 담겨있던 그 복 떡국 떡을 숟가락에 담아 입에 넣는 순간 내 머릿속에는 이 말 밖에 떠오르지 않았다.

"X됐다…."

〜〜〜〜〜〜〜〜〜〜〜〜〜〜〜〜〜〜〜〜〜〜〜

문제. 복 떡국 떡이라는 사업 아이템이 망한 이유는?

1. 맛이 없었다.
떡국 고유의 담백함도 걸쭉함도 느껴지지 않았다.

2. 모양새가 영 안 예뻤다.
가공 직후 진공 포장되어 있는 떡국에 새겨진 '복'이라는 반듯한 글씨가 요리 후에는 떡이 불어나면서 글씨가 알아보기도 힘들게 삐뚤삐뚤해졌다.

정답. 사업(음식)의 본질을 간과했기 때문.

〜〜〜〜〜〜〜〜〜〜〜〜〜〜〜〜〜〜〜〜〜〜〜

실패의, 이유

"이런 젠장, 이거 왜 이렇게 맛이 없지?" 한 입 먹어본 솔직한 소감이었다.

복 떡국 떡의 분류는 음식이다. 음식의 본질은? 맛과 모양새다. 음식에서 가장 중요한 것은 획기적인 아이디어도, 오랜 전통을 뒤집을 수 있는 캐치프레이즈도 아니다. 바로 맛이다. 그 다음으로 중요한 것은 맛을 보고싶게끔 먹음직스러워야 한다. (물론, 위생이나 청결 같은 너무도 당연하고 법으로도 정해져 있는 원칙은 말할 것도 없이 중요하다) 정말 너무도 당연해서 7살인 유치원생 조카도 답을 맞힐 수 있는 문제를, 어리석게도 서른이 다 되어가는 내가 간과했다.

시장의 반응은 빙하기만큼 차가웠다. 50개 정도의 샘플을 기존 거래처와 새로 거래하고 싶은 곳들에 보냈지만 샘플을 받은 이들에게 긍정적인 신호는 전혀 오지 않았다. 나름 사이가 돈독했던 한 거래처의 담당 부장이 전화를 걸어와 조심스럽게 말했다.
"이번에 샘플로 보내 준 그거 말이야. 맛이 없어도 너무 없어. 패키지도 예쁘고 아이디어도 참신했는데 참 아쉽네."
휴대전화를 든 채 고개를 숙이고 아무 말도 할 수 없었다. 괜한 욕심과 '빨리' 돈을 더 벌고 싶다는 조급함이 냉정함을 잃게 했고, 그렇게 뭔가에 홀리기라도 한 듯 냉정함을 잃자 본질을 놓쳐버린 것이다.

지금은 이렇게 담담하게 그 일화를 소개하고 있지만 그때 느꼈던 절망감은 보다 깊고 심각한 것이었다. 이미 일은 일대로 벌려서 되돌릴 수도 없었다. 준비해둔 상품을 몇 세트 팔지도 못한 채, 전량 폐기해야 했다. 공예품이나 일반 제조업 제품이면 재고로 쌓아두고 떨이 판매라도 할 텐데, 유통기한이 있는 식품은 그러지도 못했다. 떡이라 유통기한도 짧은데다, 심지어 폐기하는 데에도 적지 않은 돈이 들었다.

엎친 데 덮친 격이라고 해야 할까? 2010년대 중반에 들어서면서 대형마트, 대형백화점 브랜드들이 본격적으로 특판과 명절 선물세트 시장에 들어왔고, 이제 더 이상은 대기업과의 가격 경쟁에서 우위를 점할 수 없게 되었다.
거기에 더해, 명절 임직원 선물이 이전의 일괄적인 선물 지급에서 점점 지역화폐나 상품권 제공으로 대체되기 시작했다. 시장의 공급은 포화상태였는데 수요는 점점 사라지고 있었다.
시장을 개척할 수도, 시장의 판도를 갈아엎을 수도 없는 일개 개인사업자로서의 한계를 뼈저리게 실감했다. 특판 유통은 이제 더 이상 비전이 없다는 사실을 깨닫고 첫 사업인 우리유통을 접기로 했다. 4년간 전국을 돌아다니며 악착같이 이어온 사업이라 실패를 인정하기 쉽지 않았다.

사업의 핵심은 그 사업의 본질에 충실해야 한다는 그 뻔한 사실을 너무 비싼 대가를 치르고 나서야 비로소 깨달았다.
"지식은 엔진이요, 지혜는 브레이크"라고 서울대학교 소비자학과 김난도 교수가 말했다. 조금 더 지식과 지혜를 갖춰 다음 도전을 준비하는 수밖에 없다.
복 떡국 떡이라는 뼈아픈 실패가 있었지만, 그래도 '아직' 빚은 없었다.

모험이 시작됐다.
멋진 이야기가 아닐 수 없다.
이제 온갖 역경을 딛고 모든 청춘들에게
귀감이 될 만한 성공 스토리가 이어질
것 같은 그런 분위기다. 하지만 현실은
청춘드라마나 성장소설과 달랐다.

우리유통을 접고 다음 사업을 준비하던 때였다. 곧 서른 살 생일을 앞두고 있었다. 5년 전, 첫 창업 때에 비하면 확실히 여유가 생겼다. 다음 사업을 시작할 정도의 자금과 그간의 사업 경험, 이래저래 쌓인 다양한 분야의 인맥이 있었다. 새로운 모험을 시작하기 충분했다.

그즈음 한국은 2000년대 초반 이후로 오랜만에 벤처 창업 붐이 일고 있었다. 이동수단 공유 플랫폼 기업인 '우버'와 숙박 공유 플랫폼인 '에어비앤비' 그리고 OTTOver The Top 온라인 동영상 플랫폼인 '넷플릭스'까지. 세계를 혁신으로 주도하는 기업들은 온통 벤처와 스타트업이었다.

당시 정부의 국정 기조 중 하나인 '창조경제'는 이러한 흐름에 잘 편승해 벤처기업 육성에 꽤나 적극적이었다. 바야흐로 한국에도 스타트업의 시대가 온 것이다.

그해 가을, 추석이었다. 뉴스에서 프랑스의 어느 벤처기업을 소개하고 있었다. 방문자들이 현지인이 직접 만들어 제공하는 가정식을 신청해 함께 식사할 수 있는 플랫폼에 관한 내용이었다. 미식의 고장인 프랑스와 제법 잘 어울리는 신선한 '식탁 공유' 아이디어였다.

'현지인의 집에서 살아보기'로 '에어비앤비'가 한창 급성장하던 시기였다. 새로운 시대의 화두는 역시 공유경제다.

공유경제라…, 머릿속에 여러 사업 아이디어들이 떠올라 윤식
이에게 전화를 걸었다. 스물세 살에 영국 런던 민박집에서 머
슴살이를 할 때, 우연히 만난 인연이 이후로 쭉 이어지고 있는
윤식이다. 포항공대에서 학사, 석사, 박사까지 마친 그는 머리
회전이 빠르고 냉철한 친구였다. 종종 머릿속에 정리가 안되는
아이디어가 있으면 그에게 털어놓았고, 그는 잠자코 이야기를
듣다가 중구난방으로 얘기한 내 생각들을 일목요연하게 정리
해줬다. 또는 거기에 새로운 아이디어를 추가해주곤 했다.
제임스가 불가능할 것 같은 일을 실현시켜주는 사람이라면, 윤
식이는 불가능할 것 같은 일을 현실성 있게 구체화된 아이디
어로 다듬어 주는 사람이었다.
"윤식아, 요즘 공유경제가 유행이잖아."
"네, 그렇죠. 형 뭐 생각난 거 있어요?" 그가 눈치 빠르게 말했다.
"응. 얼마 전에 프랑스에서 현지인의 가정식을 체험할 수 있게
만든 플랫폼 회사에 대한 기사를 보고 든 생각인데, 에어비앤비
는 숙소를 해결해주는 숙박 공유 플랫폼이잖아? 그럼 한국인의
현지 문화체험을 할 수 있는 문화 공유 플랫폼은 어떨까?"
"한국인 현지주민들과 함께 하는 문화체험이요?"
"응, 예를 들어 아시아의 K-POP 팬이 한국에 여행 온다고 생

각해봐. K-POP 콘서트에 간다거나 소속사, 방송국 투어를 한
다거나 하는 것은 기존에도 있잖아? 그렇지만 한국인 현지 팬
들과 함께 코인 노래방에서 노래도 불러보고, 댄스 연습실 같
은 곳에서 같이 K-POP 춤 배워보기를 할 수는 없잖아? 그러니
까 수박 겉핥기로 한국을 보고 가는 게 아니라, 진짜 한국인처
럼 평범한 한국인 현지주민과 일상을 즐길 수 있는 플랫폼을
만드는 거지. 그러면 온전히 한국을 제대로 느끼고 여행할 수
있지 않을까? 우리 문화도 더 널리 세계에 알릴 수 있고."
"흐-음. 아이디어는 괜찮은데 그런 거 기존에 많지 않을까요?"
"그래? 이미 있으려나?" 내가 다소 실망한 어투로 말했다.
"네, 있을 것 같아요 왠지. 제가 구글로 한 번 찾아볼게요. 형도
실제 사업으로 구체화할 거라면 조금 더 특색 있게 접근하는
게 좋겠어요."

그와의 전화를 끊고, 몇몇 친구들에게 그 사업 아이디어에 대
해 더 의논했다. 한국문화체험 플랫폼 사업에 가장 관심을 보
인 건 이제 막 기업에서 인턴을 마치고 본격적으로 취업준비
를 하고 있던 명훈이었다. 나무늘보 같은 사람 좋은 인상에 웃
을 때면 천진난만한 얼굴이지만 번뜩이는 아이디어로는 따라
올 사람이 없을 정도로 사고가 유연한 친구였다. 그에게 같이
한 번 사업계획서를 만들어보자고 했다.

그가 집으로 찾아왔고 우리는 어떤 서비스를 만들어서 어떻게 제공할지 사업계획서를 함께 작성하기 시작했다.

"외국인 방문자들이 자기가 체험하고 싶은 걸 현지주민들에게 먼저 요청할 수 있는 서비스를 넣으면 어떨까? 한국인 현지주민들이 제안도 하고 외국인 방문자들이 요청도 할 수 있게 말이지. 서로 제안과 요청이 가능한 서비스로 만드는 거 어때?"

명훈이가 말했다.

"오~, 너 무슨 콜럼버스의 달걀이야? 아이디어 진짜 좋은데?"

그렇게 우리는 한 플랫폼 안에서 한국인 현지주민들이 외국인 방문자들에게 문화체험을 제안할 수도 있고, 반대로 외국인 방문자들이 현지주민들에게 먼저 요청할 수도 있는 '양방향 한국문화 공유 플랫폼'을 만들기로 했다.

"이거 잘만하면 우리가 게임체인저가 될 수 있겠는데?"

두 사람이 더 합류했다. 민구는 인문계 고등학교에서 2학년 때 포항공과대학교에 조기 입학할 정도로 명석한 친구였다. 그 좋은 학교를 졸업하고는 세계여행을 하고 싶다는 마음에 첫 직장으로 크루즈의 선원이 될 정도로 자유분방하고 독특한 친구였다.

다른 한 사람은 석제. 흔히 말하는 '엄친아'로 키 크고, 몸 좋고(?), 잘 생기고, 운동도 공부도 모두 잘하는 녀석이다. 미국 텍

사스대학에서 석사를 마치고 군 입대를 위해 잠시 한국에 귀국해 있었는데 타이밍 좋게 포섭했다.

여기에 '고문'의 포지션으로 다섯 사람이 추가됐다.

미국 와튼스쿨에서 MBA를 전공하고 있는 제임스, 싱가포르에서 골드만삭스의 개발자로 있던 주원이, 언론사 기자였던 예지, 그리고 대기업 직장생활과 사업 경험이 풍부한 우리 아버지, 마지막으로 윤식이까지. 이렇게 다섯이었다. 이들은 조언자 역할로 각자의 본업에 충실하면서 틈틈이 사업을 봐주기로 했다.

종로구 세종대로 178, 우리는 광화문 KT 건물 1층에 있던 서울 창조경제혁신센터의 라운지에서 가을 내내 밤을 새워가며 사업 아이템을 구체화시켰다. 본격적인 서비스에 앞서 베타서비스도 해봤다.

대학교 동아리에서 보컬로 활동하던 후배(그녀는 훗날 우리 회사에 입사했다)와 한국에 여행을 와 있던 미국인 가수 지망생 M, 이렇게 두 사람이 신촌에서 버스킹을 함께 한 것이다.

한국인 현지주민인 후배와 외국인 방문자인 M, 두 사람 모두 재밌어하고 만족스러워했다. 성공적이고 기념비적인 첫 매칭이었다.

그해 겨울 우리는 문화체육관광부·한국문화산업교류재단·한국관광공사·한국콘텐츠진흥원이 모인 '한류기획단'의 융합한류사업 파트너사로 최종 선발되었다.

흔히 생각하는 정부의 일방적인 지원 사업은 아니었다. 한국문화를 국내외에 알리는 프로젝트라는 취지로 정부와 우리가 반씩 부담해 향후 1년간 한국문화와 한국을 알리는 프로젝트 사업을 수행하는 계약관계였다.

수억 원. 적지 않은 초기 사업 자금이 생겼고, 개성이 뚜렷한 파트너들이 함께 하고 있었다. 한류기획단 공식 프로젝트 수행 기업이 되었기에 정부기관의 협조가 필요한 일이 생기면 빠른 일처리도 가능할 터였다.

치열한 입주기업 선발경쟁 끝에 서울창조경제혁신센터에서 가장 큰 독립사무실을 쓰게 됐다. 광화문 한복판에 꽤 큰, 번듯한 사무실까지 생긴 것이다.

"창고에서 혼자 시작한 스티브 잡스에 비하면 우리가 훨씬 나은데?" 내가 말했다.

"킥킥" 내 말을 들은 명훈이는 천진난만하게 웃었고, 다소 시니컬한 민구는 "지금 어디랑 비교하는 거야 형. 우리 아직 아무것도 시작 안했어"라고 말했다. 석제는 웃으면서 "에이, 그래도 우리 잘 되려고 모였잖아. 잘 될 것 같고"라며 사기를 북돋았다.

실패의, 이유

나는 이 사업에 내 잠재력과 그동안 쌓은 글로벌 경험, 그리고 주변에 있는 훌륭한 사람들까지, 동원할 수 있는 모든 역량을 다 끌어모으기로 했다. 좋은 사업 아이디어였고 공유경제라는 글로벌 흐름에도 부합했다. 각자의 분야에서 뛰어난 사람들이 이 사업을 더 잘되게끔 같이 어루만져 주고 있었다.

우리는 서울창조경제혁신센터의 인큐베이팅센터가 리모델링 공사를 끝내자마자 가장 먼저 입주했다. 아직 센터가 정식으로 오픈도 하기 전이었고 페인트 냄새도 다 빠지지 않았지만 하루라도 빨리 우리 공간에서 본격적으로 일을 시작하고 싶었다. 창문은 반사된 햇빛으로 번쩍거리며 맑고 시원한 바람이 부는 미래를 향해 활짝 열려 있었다. 본능적으로 인생에서 가장 큰 모험이 시작됐다는 것을 알 수 있었다.

모험이 시작됐다.

멋진 이야기가 아닐 수 없다. 배경음악으로 어디선가 웅장한 〈행진곡〉이라도 흘러나와야 할 것만 같았다. 이제 온갖 역경을 딛고 모든 청춘들에게 귀감이 될 만한 성공 스토리가 이어질 것 같은 그런 분위기다. 하지만 현실은 청춘드라마나 성장소설과 달랐다.

모험은 시작부터 위태로웠다.

공동창업자로 모인 네 사람 모두 플랫폼 사업은 처음이었다. 우리 중에 개발자Developer는 아무도 없었다. 사업 서비스의 핵심이라고 할 수 있는 웹과 애플리케이션 같은 플랫폼 개발에 필수인 코딩을 할 수 있는 사람이 아무도 없다.

개발자를 찾아야 했지만 쉽지 않았다. 실력 있는 개발자들의 연봉은 상상을 초월했다. 별거 아닌 줄 알았던 그 웹과 애플리케이션을 원하는 대로 완벽히 구현하려면 그런 몸값 비싼 개발자를 네댓 명은 고용해야 했다. 초기 사업자금을 모조리 개발자들의 인건비로 돌려야 간신히 1년 고용할 수 있는 정도였다. 이래서는 도저히 답이 안 나왔다.

그즈음 우리는 서울창조경제혁신센터의 카페테리아에서 밤새워 작업하고 있는 고등학생 개발자들에게 눈길을 주고 있었다. 마침 센터관계자도 그 친구들을 '천재'라 부르며 띄워주고 있었다.

우리는 그 친구들에게 틈틈이 간식을 사주며 이전에 어떤 걸 만들었는지 앞으로는 뭘 할 수 있는지를 물었다. 그중 체격이 좋고 눈빛이 남다른 학생 하나가 자기 옆에 있던 다른 친구들을 소개했다. 그 체격이 좋았던 친구는 디자인 쪽에 특화된 친구였다.

그가 소개해준 다른 친구들은 우리가 그렇게 찾던 '개발자'였다. 정보보호과와 소프트웨어과로는 손꼽히는 한 특성화고등학교의 2학년 학생들이었다. 우리는 정식으로 그 친구들과 미팅을

실패의, 이유

갖기로 했다. 미팅에서 우리가 하려던 사업을 소개하고 그들에게 웹사이트와 애플리케이션으로 제작이 가능한지 물었다.

"네, 물론 가능합니다." 체구가 매우 작고 아직 변성기가 가시지 않은 학생 하나가 자신 있게 말했다. 미팅룸 뒤에서는 센터 관계자가 흐뭇한 미소로 우리의 미팅을 지켜보고 있었다.

우리는 그 학생들과 개발 계약을 맺었다.

"형 아니, 대표님. 말이 안 된다니깐? 무슨 고등학생들이 그걸 개발해? 애플리케이션 개발이라는 게 그렇게 쉬운 일이 아니야." 싱가포르에서 메신저와 통화로 일을 자문해 주던 골드만삭스의 개발자 주원이가 강하게 반대하며 말했다.

"아니야, 주원아. 네가 이 애들을 직접 보면 생각이 달라질 거야. 진짜 천재들 같아. 그리고 엄청 성실해." 내가 말했다.

"나는 분명히 말했어. 말도 안 되는 이야기라고." 그가 말했다.

주원이는 그 뒤로 더 이상 사업에 대한 조언을 하지 않았다.

4개월 뒤, 주원이가 우려했던 일이 결국 터졌다. 애플리케이션의 시연이 예정된 한류기획단의 정례 회의를 앞두고 있을 때였다. 외근을 나갔다가 사무실로 돌아왔는데, 분위기가 극도로 냉랭해져있었다. 뭔가 일이 대단히 잘못됐다는 걸 직감했다.

"뭐라고…? 다시 말해줘." 내가 물었다.

"형, 얘네 이거 못 만든대." 민구가 총대를 메고 말했다.

"무슨 말이야? 우리 매일매일 시연도 했잖아." 내가 다시 물었다.

"그게, 더미페이지 같은 거였나 봐."

"더미페이지?"

"응. 자기 컴퓨터에서는 돌아가는데, 실제로 웹사이트랑 연결은 안 되어있는 거지." 석제가 심각한 표정으로 말했다.

"아, 뭐야. 깜짝 놀랐네. 그럼 인터넷에 연결만 하면 되잖아." 내가 말했다. 마치, 노트북에 인터넷 선만 연결하면 되는 거 아니냐는 듯이. 무식하고 무지한 말이었다. 당시 내가 웹과 애플리케이션의 개발을 얼마나 가볍게 여기고 있었는지를 보여주는 말이었다.

"형, 그게 그렇게 간단한 게 아닌가 봐. 못한대 자기는."

"… 뭐?"

"거짓말이었대. 자기들이 애플리케이션 만들 수 있다고 한 거."
석제가 어이없다는 표정으로 말했다.

그 말을 듣자 가슴이 '쿵' 하고 내려앉았다. 눈을 질끈 감고 고개를 살짝 뒤로 젖혔다. 그리고 가슴 깊은 곳에서부터 나오는 큰 한숨을 쉬었다. 완전히 속았다. 지금 이 감정은 황당함일까, 분노일까, 배신감일까.

지난 몇 개월간 그 친구들에게 할 수 있는 최선을 다했다. 가정

형편이 어려웠던 메인 개발자 녀석에게는 사비로 적지 않은 월급을 계속 따로 더 챙겨줬고, 바깥 음식만 먹으면 몸에 안 좋을 것 같아 일부러 집에 데려가 부모님께서 해주신 집밥을 먹이고, 내 방에서 편하게 재우기도 했다. 몸이 조금이라도 안 좋다고 할 땐 들쳐 엎고 응급실에 뛰어가 링거도 맞췄다. 진심과 정성으로 대했건만, 그동안 우리를 완전히 속이고 있었다는 생각이 들자 허탈감이 밀려왔다.

우선 한류기획단의 실무를 맡고 있던 기관의 팀장에게 전화를 걸었다. '개발에 차질이 생겼는데 시연을 조금 미룰 수 있는지' 조심스럽게 물었다. 계약위반으로 프로젝트가 취소되어도 할 말이 없는 상황이었다. 다행히 팀장은 사정을 이해하고 시연 날짜를 뒤로 미뤄줬다.

급하게 수소문한 끝에 업계에서 실력 있고 성실하기로 소문난 개발자인 아트그라피 황재희 대표에게 간곡히 부탁해 상대적으로 합리적인 금액으로 개발을 맡길 수 있게 되었다.

황 대표는 "다행히 그 친구들이 작업했던 것들 중 아주 일부는 재활용이 가능할 것 같다"고 말했다. 그가 밤을 지새가며 작업해준 덕분에 불과 한 달 반 만에 웹사이트는 베타서비스가 가능할 정도의 구색이 갖춰졌다. 그를 만난 것이 우리로서는 천운이었다.

그 아이들은 당시에 정말로 '할 수 있다'라고 판단했을 수 있다. 오히려 그렇게 큰 프로젝트를 진행하면서 그 막중한 책임을 아직 어린 친구들에게 모두 전가했던 것이 어른으로서 비겁한 행위였을지 모른다. 적어도 그 사업의 대표이자 어른이었던 나만큼은 녀석들을 책망만 할 것이 아니라, 조금 더 감싸주고 격려해줘야 하지 않았을까. 문득 그런 생각이 들었다.

생각이 거기에 다다르자 그 친구들에게 기회를 한 번 더 주기로 결정했다. 황재희 대표가 이끄는 개발팀에 부탁해 그 아이들을 서브로 붙여주기로 한 것이다. 아직 실력과 경험이 조금 부족할 뿐, 개발에 대한 열정과 의욕은 넘치는 아이들이었다. 실력 있는 대선배 옆에서 실전을 배우면 훗날에는 정말 뛰어난 개발자가 될 수도 있는 그런 친구들이니까.

개발의 1차 실패. 다시 생각해도 아찔한 일이었다. 공동창업자였던 우리 넷은 그때 뭔가에 홀리기라도 한 듯 그 아이들에게 개발을 전적으로 믿고 맡기기로 뜻을 모았다. 센터관계자도 인정한 아이들이지 않은가? 그 아이들의 화려한 수상 실적도 막연한 믿음을 더했다.

사실은 책임회피였다. 정식으로 개발자를 여럿 고용할 형편이 도저히 안 되는 상황을 어떻게든 타개하고 싶었다. 그런 식으로 막연하게 믿는 척하며 아직 경험이 적었던 어린 학생들에게 떠넘길 일이 아니었다.

어렵고 복잡한 문제에 직면할수록 사람은 손을 놓고 단순해지고 싶어 하는 경향이 있다. 아니, 단순해지고 싶은 충동을 느낀다. 쉽지 않은 문제를 골치 아프니까 대충대충 쉽게 해결하려한데서 온 결과다. 자업자득이었다.

눈앞의 현실과 과제를 외면했다

새로운 도전을 시작하는 친구들이 꿈을 저 높은 구름 위에 두는 것을 만류하지는 않는다. 그 정도 패기는 있어야 뭔가를 도전하고 모험하는 맛이 있으니까.

수년이 흐른 지금, 그때 당시 애스크컬쳐의 사업계획서를 보면 헛웃음이 나온다. 사업소개IR를 하던 프리젠테이션 자료 몇 장을 가져와봤다.

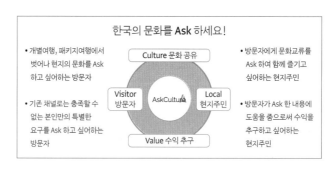

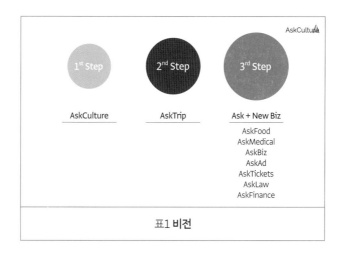

표1 비전

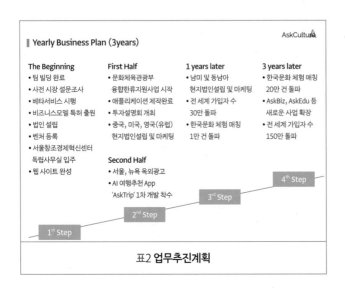

Yearly Business Plan (3years)

AskCulture

The Beginning
- 팀 빌딩 완료
- 사전 시장 설문조사
- 베타서비스 시행
- 비즈니스모델 특허 출원
- 법인 설립
- 벤처 등록
- 서울창조경제혁신센터
  독립사무실 입주
- 웹 사이트 완성

First Half
- 문화체육관광부
  융합한류지원사업 시작
- 애플리케이션 제작완료
- 투자설명회 개최
- 중국, 미국, 영국(유럽)
  현지법인설립 및 마케팅

Second Half
- 서울, 뉴욕 옥외광고
- AI 여행추천 App
  'AskTrip' 1차 개발 착수

1 years later
- 남미 및 동남아
  현지법인설립 및 마케팅
- 전 세계 가입자 수
  30만 돌파
- 한국문화 체험 매칭
  1만 건 돌파

3 years later
- 한국문화 체험 매칭
  20만 건 돌파
- AskBiz, AskEdu 등
  새로운 사업 확장
- 전 세계 가입자 수
  150만 돌파

1st Step   2nd Step   3rd Step   4th Step

표2 업무추진계획

먼저 표1 '비전'을 보자. 한국문화 공유 플랫폼인 애스크컬쳐로 시작해서 그 다음 스텝은 애스크트립AskTrip이다. 외국인과 한국인이 함께 한국문화를 체험하고 즐기는 모습을 영상 등의 2차 콘텐츠로 제작해 책이나 화보 등으로 이익을 얻겠다는 계획이었다.

여기까지는 좋다. 충분히 실현가능성이 있다. 세 번째 스텝은 'Ask요청하다 그룹'의 확장이다. 음식, 의료, 비즈니스, 광고, 티켓, 법률, 금융까지. 아주 사회 전체에 걸쳐 플랫폼을 독식하겠다는 이야기다. 좋게 말하면 서른 살 전후의 젊음과 패기가 넘치는 자료고, 냉정하게 말하면 헛바람이 잔뜩 들어있는 자료다. 솔직히 뜬구름 잡는 소리다.

꿈을 크게 갖는 건 좋은 일이다. 마땅히 (생물학적으로 또는 정신적으로) 젊은 사람들의 패기는 칭찬받아 마땅한 일이다. 하지만 그때보다 현실적인 것들에 더 익숙해진 30대 후반이 된 지금, 그때의 사업계획서를 다시 보니 중요한 무언가를 놓치고 있었다는 생각을 지울 수가 없다.

사업의 다변화와 확장, 해외지사 운영 같은 것들도 장기적인 목표, 나아가야 할 방법으로써 중요하지만, 시간이 많이 흐른 지금에서야 비로소 당장 눈앞의 현실과 과제를 등한시 하고 있었다는 게 눈에 보인다.

한국문화 공유 플랫폼인 애스크컬쳐의 본질은 '문화 공유 플랫폼'이다. 웹과 애플리케이션을 잘 개발해서 쾌적한 유저 환경을 제공하는 것도 중요하고 향후 서비스의 확대나 확장도 중요한 일이지만 '서비스의 본질과 핵심'은 그 모든 것에 우선한다. 서비스 런칭 이듬해에 가입자 30만 명을 확보하겠다는 보여주기 식의 숫자놀음이나 하면서 붕 떠있을 게 아니라 당장 300명 아니, 30명이라도 서비스를 이용해보게끔 하는 게 우선이었다. 그렇게 사업의 핵심 모델을 끊임없이 검토하고 부족한 점을 찾아 개선해야 했다.

어떤 요인으로 유저들에게 어필할지, 실제 문화체험 매칭이 되었을 때는 유저간의 어떤 문제점들이 발생할 수 있고, 이를 어떻게 개선해나갈지. 이런 것들이 무엇보다 최우선이어야 했다. 애초부터 '5년 뒤에는 1조 기업(유니콘)이 되겠다'는 허황된 목표에 사로잡혀 있다 보니 당장 눈앞의 현실을 등한시한 것이다.

새로운 도전을 시작하는 친구들이 꿈을 저 높은 구름 위에 두는 것을 만류하지는 않는다. 그 정도 패기는 있어야 뭔가를 도전하고 모험하는 맛이 있으니까. 다만, 너무 비현실적인 목표와 꿈에 쫓겨 당장 눈앞에 있는 과제들과 현실을 외면하지 길 바라는 마음이다. 기본이 갖춰져 있지 않고 준비가 덜 된 상태에서 꾸는 꿈은 몽상에 불과하다. 몽상은 일시적인 즐거움을 줄 수는 있으나 긴 인생에서 오히려 자신이 처한 현실을 더 남루하고 비참하게 만든다.
도전과 모험을 할 때에는 늘 현실을 정면으로 마주해야 한다.

"스타트업은 깜깜한 방에서 누가 먼저 문을 찾느냐의 게임이래요." 언젠가 윤식이가 해줬던 말이 떠올랐다. 눈앞의 과제와 가장 중요한 본질에 대해 외면하고 '이미 문을 연 것 마냥' 그 이후의 몽상만 하다간 그 도전은 100% 실패로 끝난다. 유경험자의 조언이다.

소탐대실
작은 것에 집착하다
본질을 잊었다

온갖 정부기관과 거미줄처럼
엮여버렸다. 우리가 한국문화 공유
플랫폼을 운영하는 벤처회사인지,
정부기관의 한국문화 홍보 부서인지
헛갈릴 지경까지 가버린 것이다.

"미안하다…."

문화체육관광부가 주관하는 융합한류 사업의 최종 프레젠테이션을 마친 뒤, 함께 발표장에 갔던 석제에게 말했다. 그 중요한 프레젠테이션을 망쳤다고 생각했다. 수억 원의 프로젝트 사업비가 걸린 발표였다.

"걱정하지 말래도? 나 프레젠테이션 달인이야."

자신 있게 공동창업자 친구들에게 말했었다. 자신 있다 뿐인가? 스스로 프레젠테이션의 프로라고 여겼다. 수년에 걸쳐 대학교에서 교양과목으로 프레젠테이션과 스피치에 대한 특강을 진행한 경험도 있었고, 방송프로그램에 출연해서 카메라 앞에서 유창하게 말한 적도 있었다.

그런 내가 긴장한 탓에 발표를 제대로 망치는 일이 일어날 거라고는 조금도 생각 못했다. 횡설수설하면서 하고자 하는 게 뭔지 제대로 전달하지 못했다. 함께 몇날 며칠 밤을 지새우며 열심히 준비했던 공동창업자 친구들에게 미안한 마음이 들었다.

복잡한 심경에 그 한겨울에(한파주의보가 내린 날이었다) 상암동 디지털미디어시티에서 광화문까지 말없이 걷고 또 걸었다.

"한류기획단의 융합한류 사업에 최종 선정된 것을 축하합니다."

열흘 뒤, 우리 기업이 최종 선정되었다는 연락이 왔다. 귀를 의심했다. 서른까지의 경험상, 나라는 인간은 '발표'가 있는 거의 모든 종류의 시험이나 선발에 유독 약했다. 운이 지지리도 없는 건지, 실력이 부족한 건지는 잘 모르겠지만.

'발표도 망쳤겠다, 당연히 안 되겠지' 하고 있었다. 그런데 최종 선발이라니. 좋은 기운이 가득한 공동창업자 친구들 덕분이라는 생각이 들었다. 아무리 생각해도 이런 쪽으로는 운이 닿지 않는 삶을 살아왔으니까. 어쨌든, 우리는 뛸 듯이 기뻤다. 적지 않은 초기 사업자금과 정부기관의 공신력이라는 두 마리 토끼를 한 번에 얻었다. 여기까지는 좋았다. 정말 좋은 일이었다.

그 프로젝트 외에도 정부의 스타트업 지원 사업 중 우리와 연관된 곳의 지원 사업에는 모조리 지원해버렸다. 서울창조경제혁신센터의 입주기업, 코트라의 K글로벌 수출지원 사업, 콘텐츠진흥원의 사업 등등. 새로운 정부 사업이 보이는 족족 우리와 연관된 모든 사업에 지원했다. 최대한 정부기관의 힘을 빌리는 것이 우리에게 부족한 면들(이를테면 홍보나 사업의 빠른 확장)을 보충하는 지름길이라고 생각했다.

결과적으로 넘치는 게 부족한 것만 못한 상황이 되어버렸다. 너무 많은 지원 사업에 참여하다 보니 여기저기 정부기관에게 하루가 멀다 하고 자료제출 요청을 받았다. 그들로서는 당연한 일이었다. 세금이 허투루 쓰이지 않도록 감시하고 확인해야 했으니까.

문제는 그들의 요청에 응하느라 정작 우리 본 사업의 핵심인 플랫폼 개발과 베타서비스 운영에 소홀하게 되어버렸다는 점이다. 선후가 완전히 뒤바뀐 것이다.

"형, 우리 이런 쓸데없는 지원 사업은 좀 거릅시다." 민구가 말했다. 그와의 첫 의견충돌이었다. 그는 우리의 사업과 현재 상태를 반 발짝 떨어져서 객관적으로 보고 있었다. 나는 그러지 못했다. 대표로서 우리에게 부족한 부분을 어떻게든 빨리 채우고 싶다는 조급함이 있었고, 정부 각 부처의 지원 사업들에 참여하는 것이 이를 해결하는 가장 빠른 길이라고 판단했다. 미래를 위해 현재를 등한시 하고 있는 사람과 먼 미래는 나중의 문제고 당장의 현재를 위해 충실해야 된다는 사람의 의견충돌은 쉽게 좁혀지지 않았다.

몇 억 짜리 프로젝트를 진행하면서 30만 원, 50만 원 정도를 지원해 주는 사업에 참여하느라 1주일, 2주일을 허비한 적도 있었다.

온갖 정부기관과 거미줄처럼 엮여버렸다. 우리가 한국문화 공유 플랫폼을 운영하는 벤처회사인지, 정부기관의 한국문화 홍보 부서인지 헛갈릴 지경까지 가버린 것이다.

"대표님, 사업 잘 진행하고 계시죠? 말씀 안 드려도 잘 아시겠지만 기업의 최대 목적은 이윤추구입니다. 너무 정부기관에 의존하거나 얽매이지 마시고 본 사업에 집중하시는 게 어떨까요?"

당시에 이런 조언을 해준 사람은 다름 아닌 정부 관계자였다. 그 사람처럼 일처리가 깔끔한 사람을 본 적이 없다. 그는 우리 한국 정부와 사회가 앞으로 나아가야 할 방향과 다가올 미래에 대한 비전을 확고하게 가지고 있었다. 그런 공무원이 존재한다는 사실에 신선한 충격을 받았다. 그동안 알던 공무원들이 '일반 목수'였다면, 그는 톱클래스의 '종합건축 설계사'였다. 엘리트 관료로서의 허세나 거드름도 전혀 없는 성실하고 겸손한 사람이었다.

오히려 그렇기에 그의 말을 잘못 해석했다. 그 정도로 명석하고 유능한 엘리트 관료가 일개 스타트업의 안위를 걱정해 줄 리 없다고, 그저 '프로젝트를 수행하면서 정부기관에 너무 눈치를 보지는 말라'는 의미로만 받아들였다.

민구와 그 사무관의 우려가 현실이 됐다. 알맹이도 채 만들어지지 않은 사업에 자꾸 덕지덕지 쓸데없는 것들이 붙어 핵심인 알맹이가 가려지고 작아지고 있었다.

사업(혹은 콘텐츠 제작)은 생존이 달린 일이다. 사업의 핵심을 향해 뒤는 없다는 각오로 전력을 다해야 한다. 그래야했음에도 나는 도대체 우리사업의 본질이 뭐였는지 혼란스러워질 지경까지 가서야 뒤늦게 잘못된 길을 걷고 있다는 사실을 깨달았다.

인생과 마찬가지로 사업에도 결정적인 갈림길과 성공할 수 있는 골든타임이 있는데 그 시간을 별로 중요하지도 않고 사업의 핵심과는 큰 연관성도 없는 지원 사업에 참여한다고 허비했다. 그러고 나서야 그런 시기가 있었고 그것을 이미 놓쳤다는 것을 자각했다. 늦은 후회였다.

사업에 꼭 필요한 가장 연관성 있는 프로젝트 한두 개 외에는 나머지 정부의 지원 사업들은 거들떠보지 말았어야 했다. 지나친 외부의존과 그로 인해 얻게 되는 작은 이익(?)은 오히려 사업에 방해만 된다.

소탐대실小貪大失이 가져온 실패였다.

고백하건대
그렇게까지 안해도 됐었다.
그냥 그래야 마음이 편할 것 같아서
그렇게 했을 뿐이다. 스스로를
'코즈모폴리턴cosmopolitan'이라도
된 듯이 미화시키고 당위성을
부여하고 싶었는지도 모른다.

애스크컬쳐 사무실의 한쪽 벽에는 2층으로 된 침대책상이 하나 있었다. 1층에는 책상이 있고 2층에 침대가 있는 흰색 철제 프레임의 가구였다. 그 침대책상은 서울창조경제혁신센터에서 제공한 사무실로 입주하던 날, 우리와 함께 새 사무실에 들어갔다.

서울시 서대문구에 살던 나를 제외한 나머지 세 사람의 집이 모두 광화문과 먼 거리에 있었다. 민구는 집이 수원으로 가장 멀었고, 명훈이는 인천, 석제는 오이도였다.

사업의 본격화를 앞두고 준비를 하다 보니 자정을 넘기기가 일쑤였는데, 누구 한 사람의 막차가 끊기면 다른 사람들이 의리 차원에서라도 같이 첫차 시간까지 있어주자는 의미도 있었다. 그래서 사업 아이디어를 논하던 초창기부터 우리는 곧잘 밤을 샜다. 서울창조경제혁신센터에는 수면실을 겸한 휴게실도 따로 있었지만 이제 우리만의 사무실이 생겼으니 우리만의 공간에서 편하게 자자는 취지로 마련한 침대책상이었다. 그렇게 우리는 번갈아가며 그 침대에서 자곤 했다.

계절이 겨울에서 봄으로, 다시 봄에서 여름으로 그렇게 두 번 바뀌었을 때, 그 침대책상은 온전히 나만의 것이 되었다. 넷이 함께 시작한 사업에 혼자만 남게 된 것이다.

제일 먼저 명훈이가 현실적인 문제들로 공동창업에서 빠지게 되었다. 대신 그는 기획자이자 디자이너로서 외부에서 일을 계속 도와주기로 했다. 깔끔하게 자기가 팀에서 나가겠다고 말하는 명훈이를 잃고 싶지 않아 그렇게라도 함께 일해달라고 설득했다. 그는 그렇게 두어 달 정도 더 함께 하다가 회사를 떠났다.

석제는 군 입대가 앞당겨져서 벚꽃이 피기 시작할 무렵 사업에서 손을 떼게 되었다. 애초에 합류할 때부터 예정된 일이었지만 그래도 늘 묵묵하고 든든하게 옆에 있던 그가 떠나야 한다는 말에 따뜻해져 가는 날씨와는 반대로 뼛속까지 시린 한기를 느끼며 봄을 보냈다.

"형, 만화 〈원피스〉 봤지? 선장이 여럿이면 배가 산으로 가는 법이야. 그러니까 형이 선장을 해. 앞으로 내가 부선장을 할게."
마지막까지 남아 이렇게까지 든든하게 말해주던 민구는 초여름이 오기 전에 일을 그만두겠다고 했다. 싱가포르에서 열리는 국제 스타트업 행사에 다녀온 직후였다. 여러 가지 갈등과 미묘한 신경전이 있던 끝에 그가 내린 결정이었다. 이렇게 말하면 쌍방의 과실로 오해가 생길 것 같아 분명히 말해두자면, 전적으로 내 잘못이었다.
내가 가장 연장자고, 이전에 사업을 해본 경험이 있고, 내 아이디어에서 시작했다는 이유로 독선과 아집을 부렸다. 서로 이견이 생기면 진솔한 대화와 깊은 논의를 통해 의견을 좁혀가야 했는데, 나는 타협할 여지없이 늘 내 생각이 맞다고만 주장했다. 이런 일이 반복되다 보니 민구도 지칠 수밖에 없었다.

이런저런 이유들로 네 사람이 함께 시작한 사업에 홀로 남게 되었다. 애초부터 혼자였다면 모를까. 첫 시작을 함께 하던 사람들이 그것도 세 명이나 자리를 떠나고 혼자 덩그러니 남게 되자 덜컥 겁이 났다. 이제 모든 결정을 혼자 하고 그 결정에 대한 책임도 혼자 짊어져야 했다. 그렇게 여름이 찾아왔다.

그들이 떠나간 자리에 새로 합류한 팀장과 직원들이 들어와 사무실은 예전보다 훨씬 더 북적였지만, 공동창업자 친구들과는 애초에 포지션도 마음가짐도 다른 사람들이었다. 아무래도 그들로는 채워지지 않는 허전함과 쓸쓸함이 있었다.
표면적으로는 허울 없는 선후배 관계처럼 보여도 엄연히 대표와 직원의 관계였다. 아무리 스스럼없이 지낸다 해도 그 사이에는 늘 보이지 않는 벽이 있었다. 강한 압박감과 책임감을 나눌 사람 없이 고스란히 혼자서 감내해야 했다. 초여름인데도 지독히 춥고 외롭다고 느껴졌다.

떠나간 이들의 몫까지 해야 된다는 강박관념이 심해져 견딜
수 없게 되자 집에서 옷 등의 짐을 잔뜩 가져와 사무실에서 살
기 시작했다.

그즈음에는 외국인과 한국인을 이어주는 한국문화 공유 플랫
폼 사업의 특성상 해외에서 일을 봐줄 사람들이 필요해졌다.
최소한 아시아, 유럽, 미주 이렇게 큰 대륙별로 한 팀씩은 필요
했다. 아시아 지역은 본사인 서울이 있으니 유럽에는 런던, 북
미에는 뉴욕, 이렇게 두 곳에 브랜치 오피스를 차리고 현지 인
력을 채용했다. 그들에게 업무보고를 받고 실시간으로 피드백
을 해줘야 했는데 그 시간대가 아주 기가 막혔다.

〈24시간 하루 일과표〉

서울의 직원들은 오전 10시에 출근을 하고 오후 6시에서 7시 정도면 퇴근을 했다. 서울과 런던의 시차는 8~9시간(서머타임). 서울 직원들이 퇴근하면 런던의 직원들이 이제 막 출근해서 일을 할 시간이 되었다. 그럼 그 친구들하고 메신저로 일을 해야 했다.

런던의 직원들이 일을 마칠 때쯤이면, 이제 뉴욕에 있는 제임스와 한창 일을 논할 시간이 되었다. 제임스와 업무를 마치고 나면 한국 시간으로 보통 오전 7시에서 8시쯤이었는데, 한국직원들이 출근하는 10시 전까지 그 침대책상에서 쪽잠을 잤다.

회사에서 퇴근이라는 것을 할 수 없게 되어버린 것이다. 직원들이 휴식을 취하거나 식사를 할 때, 그 침대책상에서 시간 날 때마다 잠깐씩 잠을 잤다. 몸이 피로하니까 '노동주'랍시고 점심이고 새벽이고 술을 마셨다.

낮술. 우리유통 때 지방에 있는 생산자 어르신들께 배운 다소 건강하지 못한 습관이었다. 그 버릇이 남아 술기운으로 잠을 쫓고 강한 압박감에서 오는 스트레스를 달래고 있었다.

대표가 잠도 제대로 안자고 틈날 때마다 '혼술' 한다?

그 회사, 바람직한 결과와는 거리가 멀어진다. 백 퍼센트 확률로.

고백하건대 그렇게까지 안해도 됐었다. 그냥 그래야 마음이 편할 것 같아서 그렇게 했을 뿐이다. 스스로를 '코즈모폴리턴

cosmopolitan, 국경의 제약을 받지 않는 세계시민'이라도 된 듯이 미화시키고 당위성을 부여하고 싶었는지도 모른다.

본격적으로 서비스를 오픈한 것도 아니었다. 런던이나 뉴욕에서 일을 봐주는 사람들과 실시간으로 체크해야 할 만큼 긴박한 일은 거의 없었다. 나머지 일은 그냥 그쪽 사람들에게 믿고 맡기면 될 일이었다. 그저 스스로 열심히 하고 있으니까 잘 될 거라는, 괜찮을 거라는, 막연한 자기위안이 필요했다. 건강과 시간관리의 실패. 그게 사업에 가장 큰 독이 될 거라는 생각은 하지도 못한 채 나는 매일 밤 잠든 광화문의 빌딩숲 사이에서 혼자 잠들지 못한 채 깨어있었다.

아득한 여름 밤하늘 아래, 그렇게 육체와 정신이 모두 서서히 지쳐가고 있었다.

나는 속내를 적나라하게 들킨 것 같아
얼굴이 발갛게 달아오르고 있음을
느꼈다.

"왜? 그러면 안 돼? 이런 말 치사한 건
알지만, 내가 대표잖아. 대표가 도무지
인정하기도 싫고 납득할 수도 없다는
콘셉트를 굳이 꼭 해야겠어?"

"대표님, 우리 이번 홍보 영상은 이런 콘셉트로 기획해 봤어요."

회의시간, 홍보팀 직원들이 향후 SNS에 업로드할 콘텐츠들을 보여주며 말했다.

"뭡니까, 이건…?" 나는 콘티를 보자마자 질색하며 물었다.

직원들이 보여준 콘티는 한 마디로 '날티' 났다. 등장하는 인물의 표정과 대사, 배경까지 완벽한 B급이었다. 아니, 솔직히 B급이라는 평가도 후했다.

"홍보 예산이 부족하면 더 줄게요, 이런 건 절대 안됩니다."

내가 못 박듯 단호하게 말했다. 아무래도 직원들이 아직 나이가 너무 어리고 학생티를 못 벗은 거 아닐까, 그런 생각마저 들었지만 차마 입 밖으로 내진 않았다.

"아니에요, 대표님. 요즘 20대는 이런 감성을 정말 좋아해요."

다른 팀원을 대표해 송 팀장이 말했다.

"취향이야 다양하니까, 이런 게 좋다는 사람들도 있겠죠."

"아니에요, 대부분이 좋아한다니까요? 이거 한 번 보실래요?"

송 팀장이 회의실 스크린으로 요즘 유행하는 몇몇 SNS 계정을 돌아가며 보여줬다. B급 감성으로 도배된 계정 중에는 인기가 많은 것도 있긴 해보였다.

"좋아요, 뭐 지금은 잠시 이런 감성이 유행한다고 인정합시다." 나는 마지못해 고개를 저으며 말했다. "그래도, 우리는 대한민국 정부와 같이 '한국문화' 공유 플랫폼을 만들고 홍보하는 입장 아닙니까? 조금 더 진중하고 깊이 있는 걸로 합시다."
끝내 '정부' 핑계를 대며 다시 한 번 불가하다는 의사를 확실히
했다. 확실히 이 핑계는 효과가 좋았다. 홍보팀 직원들이 하나
같이 볼에 바람을 잔뜩 불어넣었다가 한숨을 쉬었지만 더 이
상의 반론은 없었다.

"대표님, 저랑 잠깐 얘기 좀 하실래요?" 회의가 끝나자 송 팀장
이 말했다.
"그래요, 커피 한 잔 하고 옵시다." 다른 직원들이 사무실로 돌
아가는 뒷모습을 보며 내가 답했다. 우리는 회사 건물 1층에
있는 커피숍으로 향했다. 커피를 주문하고 거대한 통유리 너머
로 광화문 사거리와 그 뒤의 교보빌딩 건물이 보이는 창가 자
리에 앉았다. 송 팀장이 먼저 말을 꺼냈다.
"아, 진짜. 오빠 왜 그래요?"
그녀는 같은 대학교의 학과 직속 후배였다. 홍보팀을 맡고 있
지만 성격이 워낙 좋아서 그녀의 실질적인 주 업무는 나와 직
원들 간의 가교 역할이었다. 송 팀장은 학창시절부터 소위 '핵
인싸'였다. 대학교 밴드 동아리의 보컬리스트 출신으로 노래를
굉장히 잘했다. 노래연습장에서 기계가 "오-우, 어디서 좀 노
셨군요?"하는 수준이 아니다. 프로급으로 잘 불렀다. 주기적으
로 홍대의 클럽에서 미니 라이브 콘서트를 할 정도로 진짜 가

수 실력이었다.

한번은 그녀의 콘서트에 초대 받아 직원들과 함께 공연을 보러 간 적이 있었는데, 그때 그녀가 발산하는 폭발적인 에너지에 우리는 완전히 매료되었다. 말 그대로 그녀는 자유로운 영혼의 소유자였다.

"내가 뭘?" 나는 괜히 창밖으로 시선을 돌리며 반문했다.

"아까 그 홍보 계획안 말이에요. 그거 애들이 이번 주 내내 SNS 분석해가면서 진짜 힘들게 만든 거예요." 그녀가 한숨을 쉬더니 말을 이었다. "그걸 그렇게 더 들어보지도 않고 일언지하에 딱 잘라 안된다고 하면 어떡해요."

"아니, 송 팀장 들어봐. 지나치게 트렌디하거나 한창 유행하는 건 언제든 유행이 바뀔 수 있다고 생각해. 지난봄에 유행하던 옷이 가을만 되면 다시 입기 힘들 정도로 촌스럽게 변하는 일이 다반사잖아. 최신 유행이라는 건 그런 것 같아. 그리고 기업 홍보에 있어서 'B급 감성'이라는 건 결국 기교를 부리는 일인데, 우리 아직 무명無名이나 다름없잖아. 처음부터 우리 회사와 우리가 제공할 한국문화 공유체험이 'B급 회사'로 낙인찍히는 게 싫어."

"오빠. 아니 선배." 그녀가 동그란 눈으로 나를 뚫어지게 쳐다보며 말했다.

"진짜 솔직하게 말해봐요. 그냥 선배 취향이랑 달라서 싫은 거 아니에요? 선배는 책도 고전문학 같은 것만 읽고 음악도 맨날 재즈나 클래식만 듣잖아요. TV예능프로그램도 안보고, 가요는 아예 듣지도 않고."

나는 속내를 적나라하게 들킨 것 같아 얼굴이 발갛게 달아오르고 있음을 느꼈다.

"왜? 그러면 안 돼? 이런 말 치사한 건 알지만, 내가 대표잖아. 대표가 도무지 인정하기도 싫고 납득할 수도 없다는 콘셉트를 굳이 꼭 해야겠어?"

"……."

"그리고, 취향에도 안 맞지만 방금 한 말도 진심이야."

송 팀장은 여전히 빤히 내 눈을 쳐다봤다. 내가 이어서 말했다.

"아직 우리 회사를 잘 모르는 사람들한테 우리 회사가 B급 이미지로 소모되는 건 사업적으로 전혀 도움이 안 될 거라 생각해. SNS에서 인기가 좋은 것보다 우리가 제공할 서비스에 대한 신뢰를 쌓는 게 더 우선이잖아."

"… 알겠어요. 대표님이 그렇게까지 말씀하시는데, 팀장 나부랭이가 힘이 있겠어요." 그녀가 어깨를 위로 한 번 올렸다 내리며 말했다.

"비꼬지 말고." 내가 말했다.

"직원들이 하나 같이 착하고 고분고분하다고 해서 쉽게 생각하지 마세요. 어찌됐든 아직 어린 친구들이에요. 이런 일 하나하나에 기가 잔뜩 꺾일 수도 있고 선배를 대화가 안 통하는 '꼰대'라고 생각할 수도 있어요."

"알겠어. 오후에 한 사람씩 돌아가면서 잘 이야기해둘게."

일은 그렇게 일단락됐다.

결국 내 고집과 판단대로 우리는 SNS 홍보용 게시글과 광고영상을 늘 소위 말하는 'A급'으로 제작했다. 고가의 촬영장비들과 전문 인력이 동반된 고화질의 영상들, 웃음기가 없는 진지한 홍보물이다. 딱 정부기관이나 공기업에서 제작했을 법한 홍보영상과 그 맥을 같이 했다.

결과는 늘 고개를 갸웃하게 했다. 영상과 글에 분명한 메시지와 의미를 담았고, 홍보비도 적잖이 지출했지만 온라인상에서의 반응은 들어간 제작비와 노력에 비해 영 시원찮았다.

시간이 많이 흐른 지금도 SNS에서는 B급 감성의 콘텐츠들이 분야를 막론하고 인기순위 상위권을 독차지하고 있다. 그리고 얼마 전 유튜브에서 다소 자극적으로 보이는 영상을 보게 됐다.

〈홍보맨 "하 XX 길형이 형!" (feat. 충주시장)〉

'뭐지 이건? 전직 공무원이 시장한테 욕하는 글인가? 조회수

는 왜 이렇게 높은 거야?'

제목을 보자마자 의문이 들었다. 얼른 재생해봤다.

"나 때문에 조회수 올렸으면 오히려 좋아해야 하는 거 아냐?"

"그래서 나를 이용한 거냐?"

"하…씨… 길형이 형!"

15초짜리 짧은 영상은 드라마 〈오징어 게임〉을 패러디한 딥페이크와 어설픈 더빙까지, B급 그 자체였다. 그런데 조회수가 40만 회를 훌쩍 넘겨 있었다.

본 영상에 달린 "당사자와 원만하게 합의했습니다"라는 제작자의 위트 있는 댓글에 '좋아요'는 5천 개가 넘었다.

어이없게도 충주시라는 지방자치단체의 '공식' 유튜브 영상이었다. 충주시 소속의 공무원 한 명이 혼자서 운영하는 채널이었다. 그 공무원은 일관되게 이런 B급 감성의 영상을 1주일에 1회씩 업로드하고 있었는데 전략이 제대로 먹혀들어 '서울시'를 포함한 전국의 모든 지방자치단체의 채널을 이기고 구독자수와 영상 조회수에서 압도적인 1위를 하고 있었다.

한 댓글에선 "충주시 인구보다 충주시 유튜브 채널 구독자 수가 더 많다"는 우스갯글도 보였다.

그렇다고 아무런 의미 없는 '킬링 타임' 영상만 있는 것은 아니었다. 그 공무원 관리자(제작자)는 몸으로 뛰며 위트 있게 충주시 여기저기를 직간접적으로 홍보하고, 시를 넘어 대한민국 정부의 정책들을 전달하고 있었다. 짧은 B급 영상일지언정 분명한 메시지가 담긴 영상들이 즐비했다.

이 유튜브 채널에 올라오는 영상 제작비는 놀랍게도 1년에 60만 원이라고 한다. 이것조차도 영상편집 프로그램의 연간 사용료라고 하니, 실질적인 제작비는 그 단 1명의 공무원 인건비 정도인 셈이다. 돈 한 푼 안들이고 아이디어와 감각만으로 한 해에 수억, 수십 억의 홍보비를 쓰는 다른 지자체를 압도했다. 이 채널의 대성공 덕분에 충주시는 새로운 기업 유치에도 성공하고, 다른 지역 시민들에게 '충주사과', '충주 고구려비', '수안보 온천'을 효과적으로 홍보하고 있었다. 딱히 내세울 만한 특색이 없었던 작은 소도시가 단 한 명 공무원의 홍보 전략으로 전국구 유명세를 누리게 된 셈이다.

이런 영상을 지자체의 공식 영상으로 승인해 주고 때로는 자신이 직접 출현해서 다소 바보스러운 모습과 희화화된 모습을 가감 없이 보여주는 시장이라는 사람이 더 놀라웠다.

그 시장은 경찰대학교 출신의 엘리트 경찰 관료로서 평생을 행정조직에 몸담아온 사람이었다. 이런 뼛속까지 관료인 사람이 〈홍보맨의 난? 국내 최초 시장실 리뷰〉, 〈시장님께 행운의 편지를 보내면 답장이 올까?〉 같은 B급 영상에 출연해 자신을 내려놓고 있었다.

'자이언트 펭TV'에서 펭수가 EBS 사장과 티격태격하는 모습도 마찬가지였다. 콘텐츠 제작업계에는 이런 사례들이 꽤 있다. 가성비를 극한으로 끌어올린 알짜배기 홍보였다.

그들은 정확히 알고 있었다. '콘셉트와 퀄리티는 서로 다른 개념'이라는 것을.
콘셉트가 B급 감성이라고 해서 콘텐츠의 퀄리티가 B급이라는 이야기가 아니다. 콘텐츠의 목적인 메시지 전달과 파급력에 충실할 수 있다면 표현 방식은 얼마든지 개성 넘칠 수 있는 것이다.

아무리 시대가 변했다고 해도 나는 해당 유튜브 채널 지자체의 시장이나 이와 비슷한 사례를 가진 사람들보다도 트렌드를 인정 못하는 '젊은 꼰대'였다. 서른 살에 그것도 창의성과 개성이 심장인 스타트업의 대표라는 사람이 나이가 두 배쯤은 되는 평생 관료로 살아 온 사람들보다도 사고가 더 꽉 막혀있었다니.
B급 감성을 좋아하냐 안 좋아하냐의 취향 문제가 아니었다. 시대적 흐름을 캐치하고 맞춰갈 수 있느냐 없느냐의 문제였다. 당연한 얘기지만 시대를 따라잡지 못하면 도태된다. 나이의 많고 적음이 아니라 생각과 가치관의 늙고 젊음의 문제다.
조직의 대표라는 사람이 기존의 것만 고수하고 새로움을 거부하는 순간 소통이 단절된다. 당연히 조직 전체의 사기는 저하된다. 소통이 막히는 순간, 구성원의 개성은 묻히고 톡톡 튀는 아이디어는 자취를 감춘다. 그렇게 조직이 역동성을 잃는다. 감각, 개성, 역동성을 잃은 사람이나 조직은 어디에서도 환영받지 못한다. 하물며 수년 전, 그 '젊은 꼰대' 대표는 자신이 직원들과 스스럼없이 지내고 있기에 '소통을 잘하고 있다'고 착각했다.

'소통의 진정한 적은 불통이 아니라 소통하고 있다는 착각'(홍정욱, 『50 홍정욱 에세이』에서 인용)이라는 것을 그 젊은 꼰대는 전혀 모르고 있었다.

선입견으로 선을 그었다

나는 그렇게 사업의 준비 단계부터
첫 베타테스트에 참여해 주고
홍보영상에 출연해 주고 때로는
통역과 번역도 도와주며 성심성의껏
일을 도와주던 외국인 친구를
그가 게이이고, 나에게 고백했다는
이유만으로 단번에 관계를 끊어버렸다.

"Ladies and gentlemen! (신사 숙녀 여러분)"

이제 유럽의 파티나 TV쇼 등 다수가 모인 자리에서 이렇게 시작하는 인사말을 듣기 힘들어졌다. 신사도 숙녀도 아닌 성소수자를 위해 "여러분 안녕하세요Hello everyone"라는 말로 대체되고 있기 때문이다.

다소 민감하고 어려운 주제에 관하여 이야기하고자 한다.

이 글을 쓰기 위해 여러 사람의 저서와 논문을 참고하러 모교의 학술정보원(도서관)을 오가던 때였다. 학생식당에 식사를 하러 가다가 도서관 출입구에 놓여있는 '학보'와 잡지가 보여 집어 들었다. 식사를 하면서 최근 대학생들이 발간하는 '신문'과 '잡지'를 읽다가, 말 그대로 격세지감을 느꼈다.
〈퀴어가 들려주는 퀴어의 삶〉, 〈'청년 담론'에서 보이지 않는 퀴어 청년〉, 〈퀴어, 자신을 있는 그대로 드러내기 위해서〉, 〈동성애 콘텐츠, 다수의 장르로 살아남기 위해서는?〉
위와 같은 제목의 기사와 칼럼, 커버스토리가 연이어 펼쳐졌다. 체감으로는 신문과 잡지의 절반에 달하는 지면이 성 소수자와 관련된 기사로 할애된 듯했다. 내가 대학교 신입생이었던 2000년대 중반에는 상상하기 어려운 일이었다.

2006년에 tvN에서 개국기념 드라마 〈하이에나〉를 방영했는데, '한국판 섹스앤더시티'를 표방한 이 드라마에서 주인공 중한 사람이 게이로 나왔다. 내가 아는 한, 대한민국에서 영화나코미디 프로그램, 예능 프로그램이 아닌 드라마에서 주인공이성소수자로 직접 묘사된 건 이 작품이 처음이지 싶다. 당시 네티즌들로부터 '거북하다'는 반응과 함께 꽤 많은 비판을 받았다. 나 또한 드라마를 보면서 '헐'이라고 반응했다. 그런 시대에 살다가 현재의 대학가에 돌아오니 새삼 세상의 변화를 느낄 수밖에 없었다.

그러고 보니 캠퍼스 군데군데에서 동성 커플로 보이는 학생들이 적지 않게 눈에 띄었다. 여느 연인과 다를 바 없는 모습이다. 서로 과자를 먹여주고 손을 잡고 교정을 걷고 볼에 가볍게 키스를 하는 등…. 그들이 서로를 바라보는 눈빛에는 각별한 애정이 보였다. 그래, 분명히 서로를 아끼고 사랑하고 있는 사람만이 보일 수 있는 눈빛이다. 성소수자라, 문득 M이 떠올랐다.

"미안하지만 M, 우리 일은 그만 도와줘도 될 것 같아."
나는 진지한 낯짝으로 M에게 말했다.
"……."
M은 고개를 푹 숙인 채로 아무 말도 하지 않았다. 그리고 불과며칠 뒤에 미국으로 돌아갔다.

M은 게이였다. 그와 처음 만난 것은 한국문화 공유 플랫폼 애스크컬쳐를 준비할 때였다.

한국에 오는 외국인을 직접 만나보고 이야기를 들어보자는 취지로 공동창업자 네 사람이 서울 각 지역에 있는 게스트하우스에 뿔뿔이 흩어져 생활할 때였다. 그를 신촌의 한 게스트하우스에서 만났을 때 첫 인상은 '정말 조각 같이 생겼구나'였다. M은 금발에 파란 눈, 오뚝한 코에 유난히 짙은 눈썹을 가지고 있었다. 샤프한 턱 선에 물기 가득한 눈망울까지. 영화 〈트와일라잇〉에 나오는 주인공 배우와 매우 닮아보였다. 동화에나 나올 것 같은 꽃미남 프린스 같은 외모였다.

그에게 먼저 말을 걸었다. 우리는 이러이러한 사람이고 지금 이런 사업을 하려고 하는데 한국에 여행 온 당신과 대화를 하고 싶다,고 말했다.

왜 한국에 왔는지, 한국의 어떤 점이 좋은지, 한국에서 꼭 해보고 싶은 한국문화체험은 어떤 게 있는지. 그는 굉장히 호의적으로 모든 질문에 친절히 답했다. 우리 사업(한국문화체험 플랫폼)에도 지대한 관심을 보였다.

"I want to try busking in Korea."
외국인 방문자의 첫 한국문화체험 '요청'이었다. 그렇게 M은 애스크컬쳐의 한국인 현지주민과 외국인 방문자 간의 한국문화체험 첫 베타테스트에 참여했다. 그의 요청을 받은 한국인 현지주민인 송 팀장(그녀가 우리 회사에 취직한 건 이로부터 반년 뒤의 일이다)과 함께 신촌에서 버스킹을 했다. 영화배우 같은 외모에 노래까지 잘 부르는 그들의 조합에 많은 사람들이 지나가던 발걸음을 멈추고 모여들었다. 기념비적인 첫 한국문화 공유 매칭은 그렇게 성공적으로 끝났다.

그 뒤로도 M은 제2의 멤버로 초창기에 우리 사업을 전력으로 도왔다. 한국어는 잘 못했지만 유럽 혼혈인 덕에 영어, 프랑스어, 독일어, 이태리어를 능숙하게 구사했고, 그의 이러한 외국어 능력은 다양한 외국인과의 교류가 필요했던 우리 사업에 필수였다. 그는 한국을 방문한 외국인을 대상으로 하는 설문조사를 위해 인천공항과 강남역, 이태원, 가로수길, 홍대 등 서울 각 지역을 우리와 함께 다녀주며 통역과 번역을 돕기도 했다. 나 역시 그를 오랜 친구처럼 스스럼없이 대했다. 명훈이나 민구, 석제를 대하듯 했고 집으로 데려가 집밥을 함께 먹는 일도 더러 있었다.

그렇게 몇 달이 흘렀다. 그리고 그 해의 마지막 날, 늦게까지 일을 하다가 종로의 한 호프집에서 다 같이 직원회식을 했다. 오랜만의 회식이었고 한 해의 마지막이었던 만큼 다들 과음을 했다. M도 꽤 거나하게 취한 것 같았다.

그가 갑자기 그윽한 눈빛으로 나를 바라보며 생뚱맞게 고백했다. 너 미쳤냐고 술 좀 그만 마시라며 애써 장난 넘기듯이 굴자 그는 정색해가며 진지하게 다시 고백을 했다.

혹시 그가 게이는 아닐까 하던 막연한 추측이 현실이 되고, 그 감정의 대상이 하필 나라는 것이 확인되자 소스라치게 놀랐다. 동시에 나도 모르게 강한 불쾌감을 여과없이 드러냈다. 그렇게까지 했어야 했나 싶을 만큼 매몰차게 대했다.

그리고 다음 날, 그에게 말했다.

"미안하지만 M, 우리 일은 그만 도와줘도 될 것 같아."

나는 그렇게 사업의 준비 단계부터 첫 베타테스트에 참여해 주고 홍보영상에 출연해 주고 때로는 통역과 번역도 도와주며 성심성의껏 일을 도와주던 외국인 친구를 그가 게이이고, 나에게 고백했다는 이유만으로 단번에 관계를 끊어버렸다. 돌아보니 누군가한테 먼저 절교를 선언한 대상도 그가 처음이었다.

어쨌든 동성에게 적극적으로 구애를 받은 건 처음이라 그 일은 나에게도 약간의 트라우마가 되었다. 그래서 이후로도 성소수자를 기피하게 되었고, 그런 류의 농담이나 위트가 오갈 때면 늘 정색을 했다.

이게 무슨 문제냐고, '성소수자를 기피하면 도전하는 일에 실패한다'는 건 논리적 비약이나 인과관계의 불일치 아니냐고 반문할지 모르겠다. 이제 그 뒷이야기를 마저 해야겠다.

1년 정도의 시간이 흐른 뒤, 미국으로 돌아간 그에게 장문으로 메시지를 보냈다. 한 번도 동성에게 고백을 받아 본 경험이 없어 많이 당황했다고, 그때 그런 태도로 화를 낸 것이 너에게 큰 상처가 되었을 것 같아 미안하다고. 그리고 네가 우리 사업을 위해 해줬던 노력과 선의를 잊지 않겠다고. 비록 나는 동성애자는 아니지만 네가 우정으로 생각해줄 수 있다면, 앞으로도 친하게 지내고 싶다고 전했다.

내가 생각을 달리 하게 된 지점은 '그가 과연 이성이었어도 그의 고백에 내가 그런 식으로 불쾌하다는 반응을 보였을까?' 였다. 그런 의문이 생기자 그에게 미안한 마음이 들어 뒤늦게 사과를 하게 된 것이다.

M은 조금의 망설임도 없이 당연히 그럴 수 있다고 답해왔다. 이후로 그와는 SNS와 휴대전화 메신저를 통해 서로의 안부를 묻고 여느 친구 사이처럼 그렇게 우정을 쌓고 있다.

결국 M과의 일을 겪으면서 사회의 변화 속도보다 조금 일찍 성소수자를 이해하는 눈이 생겼다.

"사장님, 오늘 저랑 같이 방문했던 여성이요. 그 사람이랑 저랑 결혼하는 거예요. 혹시 당일에… 놀라실까봐 미리 양해해드려요… 괜찮을까요?…"

몇 년 전, 루프탑 카페하루에서 스몰웨딩을 하고 싶다며 공간을 미리 답사 왔던 예비신부가 그날 저녁에 전화로 매우 조심스럽게 물었다.

'아, 동성커플의 스몰웨딩이구나.'

말투나 말하는 분위기를 보니 이미 다른 곳에서 그런 이유로 인해 여러 번 웨딩대관을 거절당한 듯했다.

"진심으로 축하드려요. 두 분 정말 잘 어울리시던데요?"

나는 조금도 당황하거나 머뭇거리지 않고 웃으며 답했다. 진심이었다.

얼마 뒤 그 커플은 스무 명 남짓, 친구들을 초대해 루프탑 카페하루에서 작지만 행복한 결혼식을 했다. 나 역시 조금이라도 더 도움이 됐으면 싶어 새벽 꽃시장에 가서 예쁜 꽃을 잔뜩 준비해 놓는 등, 평소보다 더 많이 신경 쓰고 준비했다.

그 커플은 얼마 뒤 루프탑 카페하루에서의 스몰웨딩 후기를 한 커뮤니티에 올렸다. 그 글엔 성소수자에게 편견이 전혀 없는 사장에 대한 이야기도 포함되어 있었다. 그 후기는 많은 동성커플에게 공유되었고 덕분에 현재까지 20쌍이 넘는 커플이 고객으로 찾아왔다.

말할 것도 없이 한 커플, 한 커플이 모두 소중한 고객이다.

팬데믹의 여파로 촬영 팀의 대관이 급감했고 주말 일반인 행사 대관 손님도 거의 0건이 된 상황이었다. 주요 고객들의 발걸음이 끊겼다. 사업에 치명적인 타격을 입고 있던 그 시기에 '동성커플의 스몰웨딩 성지'로 유명해진 덕분에 새로운 단골이 생겼다. 그렇게 소중한 고객들이 발걸음을 해줬다. 덕분에 절망스러운 시기를 조금이나마 더 버틸 수 있었다.

'미안하지만 게이와는 함께 일할 수 없다'며 성소수자 동료에게 상처를 줬던 일을 진심으로 반성하고 생각을 고쳤기에 가능한 일이었다.

"헬로우 에브리원! 웰컴 투 루프탑 카페하루"

이제 편견 없이, 여러 가치관과 다양한 사고를 가진 이들 모두를(타인에게 피해를 주지 않는 사람이라면) 진심으로 환영한다.

롤 모델에게서 시선을 돌리지 않고
그가 내딛는 그 힘찬 한 걸음,
한 걸음을 계속 지켜봤다면. 그렇게
그들의 옆에서 꾸준히 동기부여를
받고 있었더라면, 그랬더라면,

"지현아, 너 롤 모델로 삼고 있는 사람 있어?"

"당연히 있죠. 스티브 잡스요!"

"……. 그래, 그러면 멘토로 삼고 있는 사람은?

"음, 김난도 서울대학교 교수님이요. 『아프니까 청춘이다』와 『트렌드 코리아』 시리즈 쓰신 분이요."

"……."

나와 후배의 실제 대화다. 후배의 말도 틀린 것은 아니다. 스티브 잡스 같이 우리 세상을 혁신으로 이끈 사람은 늘 후대 사람들에게 귀감이자 강력한 동기부여가 된다. 김난도 교수도 마찬가지다. 성숙하고 지적인 어른으로서 청춘들에게 큰 위로가 되어준 그의 말과 글은 그 자체로써 소중하다.

하지만 두 사람 모두 실제적 의미에서 롤 모델이나 멘토라고 불리기는 어렵지 않을까 싶다. 훌륭한 사람들이지만 평범한 우리의 삶과 너무 멀리 있으니까.

멘토는 가까운 거리에 있어야 한다. 조언을 구하고자 할 때 언제든 현명하고 지혜로운 말과 글로 우리가 보지 못하는 길이나 방향을 알려줄 수 있는 사람이어야 한다. 또한 우리가 잘못된 길로 들어서고 있을 때, 먼저 이를 감지하고 경고를 해주거나 옳은 길로 인도해 줄 수 있어야 한다. 멘토의 가장 중요한

역할이 이것이다. 그래서 멘토를 때로는 '인생의 네비게이션'
이라 비유한다.

말은 참 쉽다. 그런데 이런 사람을 만나고 곁에 두기란 어렵다. 결국 나조차도 '인생의 멘토'라고 부를 단 한 사람을 여전히 만나지 못했다.

현실적으로 대안을 제시한다면 '롤 모델' 만큼은 반드시 정해 두라는 말을 하고 싶다. 물론 여기에도 원칙은 있다. 스티브 잡스, 일론 머스크 이런 사람들은 역시 너무 멀다. 평범한 우리와는 살아온 길도 다르고 앞으로 나아가고자 하는 방향도 같지 않다.

롤 모델은 가급적이면 자신과 가까이에 있는 사람이 좋다. 아니, 그것만이 유일한 필수 조건이다. 그들의 가장 큰 역할이 '동기부여'와 '대리 학습'이니까.

'저 사람처럼 되고 싶다'

자신이 설정한 롤 모델의 크고 작은 성공은 우리에게 강한 동기부여가 된다. 롤 모델을 닮고 싶다거나 그 이상 해내고 싶다는 충동에서 자신의 발전과 자기계발이 시작된다.

"저 사람 저렇게 하다가 결국 실패했네?"

마찬가지 의미에서 롤 모델의 크고 작은 실패는 자신에게 대리 학습을 시켜준다. 그의 실패를 지켜보면서 최소한 똑같은 이유로 실패하지는 않게끔 경고해준다. 그런 면에서 롤 모델은 '선발대'의 개념으로 생각할 수도 있다.

롤 모델은 굳이 자신보다 연장자일 필요도 없다. 자신이 하고 자(이루고자) 하는 일을 먼저 성공했거나 실패했으면 충분하다. 때로는 친구가 될 수도 있고, 후배나 동생이 될 수도 있다. 직장의 상사가 될 수도 있고, 동기일 수도 있는 것이다. 나이는 전혀 상관이 없다. 유명한 사람일 필요도 없다. 곁에 있어 소식을 늘 접할 수 있는 사람이면 된다.

중요한 건 롤 모델로부터 자신이 귀감으로 삼을 만한 일화를 뽑아낼 수 있느냐 없느냐, 그 일화에서 체득한 교훈을 실천할 수 있는지 혹은 없는지일 뿐이다. 그게 닮지 말아야 할 나쁜 일화든, 꼭 따라해야 할 좋은 일화든.

나의 롤 모델을 예로 들어보겠다. 2019년에 회사를 코스닥에 상장까지 시킨 언어 데이터 플랫폼 회사인 '플리토Flitto'의 이정수 대표다. 앞서 루프탑 카페하루를 방송 촬영장으로 대관해 주면 어떻겠냐고 제안해 줬던 그 사람이다.

그와의 인연은 사우디아라비아의 제2왕세자가 주최한 세계 벤처기업인 행사MGF - MISK GLOBAL FORUM에 한국 벤처기업 대표로 초청되어 함께 사우디에 다녀오면서 시작되었다.

나보다 3살 연상인 그는 사업에 대한 인사이트, 접근 방식, 오랫동안 식지 않는 열정까지, 모든 게 귀감이 되는 사람이다. 소탈하고 검소한 삶, 주변 사람들에 대한 덕망까지.

그를 롤 모델로 생각하게 된 수많은 이유들 중에 가장 큰 이유는 스스로 그려보고 상상했던 나의 가장 멋진 모습을 이미 그가 가지고 있기 때문이었다.

처음 만났을 때는 분명 서로 동일 선상에 있었다. 그러나 내가 벤처기업을 포기하고, 그 다음 사업인 방송 촬영 장소대관 사업에 안주하여 몇 년간 허송세월을 한 사이에 그는 이미 롤 모델이라 부르기도 민망할 만큼 저만치 앞으로 가 있었다.

그즈음 신문도 읽지 않았고, 인터넷 뉴스도 거의 보지 않았으며 극히 일부의 사람을 제외하고는 누구도 만나지 않았다. 특히 벤처와 스타트업계에 있는 사람들은 아무도 만나지 않았으며 연락도 하지 않았다.

세상이 어떻게 돌아가고 있는지, 어떤 기업이 성장했으며 어떤 기업이 실패했는지, 누가 돈을 많이 벌었는지, 알지 못했다. 의식적으로 세상의 정보를 차단한 것이다. 삶이라는 전장에서 스스로를 완전히 이탈시킨 것이다.

물론 시대가 움직이고 있다는 것은 피부로 느낄 수 있었다. 뉴스를 보지 않더라도, 업계 사람들과 연락을 하지 않더라도 그런 정보들은 여러 경로를 통해 어쩔 수 없이 나에게까지 도달하는 경우가 있다. 하지만 아무런 감정의 동요(그것이 성공한 이에 대한 부러움이든, 실패한 이에 대한 연민이든)도 느낄 수가 없었다. 그러니까, 사회적으로 '시체'였던 셈이다. 은퇴한 노인 마냥, 세상의 모든 크고 작은 사건들이 내 앞에 와서는 그저 미세한 바람으로 닿을락 말락 스쳐갈 뿐이었다.

지난 겨울, 마음을 달리하고 이정수 대표에게 연락을 했다.
"형님, 건강히 잘 지내셨죠? 너무 오랜만에 연락드려 죄송해요. 시간 괜찮으실 때, 우리 식사 한번 해요."
딱히 '목적성 있는' 연락은 아니었다. 그에게 줄 청첩장도 없었고, 급하게 돈을 빌릴 일이 있었던 것도 아니었다. 그저 그가 보고 싶었고, 더욱 성장했을 그 모습이 궁금했다.
그러나 그 순수한 의도에도 최소한의 자격지심과 낮아진 자존감이 남아있었다. 포르쉐를 가져갔던 '뽁식당'의 강기복 대표에게(차를 양도한 이후에도 서로 꾸준히 안부를 물으며 친구가 되어있었다) 며칠만 그 차를 빌려달라고 했다.
그래, 롤 모델이라는 사람을 몇 년 만에 다시 만나러 가면서도 자격지심을 못 버리고 이미 팔아버린 차를 빌려와 내 차인 양

행동했다.

오랜만에 그와 만나 식사를 하고, 그의 회사 미팅 룸에서 차 한 잔을 할 때였다. 그가 나에게 두 가지를 물어봤다.

"너, 요즘은 어떤 사람들 만나니?"

"좋은 차 샀구나, 장사 잘 돼가는 거지? 그것과는 별개로 앞으로도 계속 거기(루프탑 카페하루) 청소만 하고 살 거야?"

그의 질문에 마땅히 답할 말이 떠오르지 않았다. 두 번째 질문에 부끄러워져서 얼굴을 들기도 힘들었다. 심지어 그는 수천억의 자산가가 되었지만 차 없이 '따릉이'로 출퇴근만 하고 있었다. 나 자신이 한심했다. '사실 이미 팔았던 차인데, 형 만나러 오는 길에 기 죽기 싫어서 빌렸어요'라고 차마 입이 떨어지지 않았다. 켕기는 게 있으니 얼른 화제를 바꿔 그의 회사가 지금 하고 있는 사업, 앞으로 그가 생각하고 있는 차세대 사업에 대한 것들을 물어봤다.

AI번역, 메타버스, 증강현실, 그간 축적된 방대한 언어 데이터, 초일류 글로벌 대기업들과의 파트너십 계약….

이제 나에겐 저 멀리 닿지 않을 꿈같은 이야기들이 그의 입에서 나왔다. 그에겐 꿈이 아니라 이미 사업 프로젝트로써 현재 진행중인 현실이었다. 그런 그의 말을 듣고 있자니 가슴이 뛰기 시작했다. 내 도전도 아닌데 듣기만 해도 벅차고 심장이 뜨거워졌다. 당장 뭐라도 하고 싶어지는 충동이 느껴졌다. 지난 시간에 대한 회한보다는 앞으로의 미래가 눈앞에 펼쳐졌다. 그리고 깊은 내면에서 소리가 들려왔다.

"저 사람을 봐. 너도 할 수 있어. 아직 늦지 않았어."

롤 모델이란 그런 것이다. 부식되고 멈춰있던 가슴을 다시 뜨겁게 달궈줄 수 있는 사람.

'그와 격차가 벌어진다고 얄량한 자존심에 멀리할 게 아니라 꾸준히 만나면서 이 사람의 이야기를 계속 듣고 이 사람이 나아가는 모습을 가까이에서 지켜봤어야 했다'는 생각이 강하게 스쳤다.

나이라는 것은 어느 소설가의 말처럼 숫자의 차례대로 먹는 것만은 아니었다. 어느 날, 서른 살에서 스물다섯으로 오히려 적어지기도 했다가 또 어느 한순간에 갑자기 서른다섯이 되기도 하는 것이다. 나이는 서른다섯이지만 정신연령은 그보다 한참 어렸던 내가 갑자기 서른다섯 본래의 나이를 찾게 된 건, 오랜만에 롤 모델을 만나고 온 뒤였다.

더할 나위 없이 훌륭하고 소중한 롤 모델이 있으면서도 내 사업의 실패 조짐이 보이는 순간, 무의식적으로 그와 그를 비롯한 세상과 거리를 두기 시작했다. 불편했으니까. 그들의 모습이 거울이 되어 내 모습을 더 초라하게 비추는 것만 같았으니까.

어리석은 생각이었다. 롤 모델에게서 시선을 돌리지 않고 그가 내딛는 그 힘찬 한 걸음, 한 걸음을 계속 지켜봤다면. 그렇게 그들의 옆에서 꾸준히 동기부여를 받고 있었더라면, 그랬더라면, 조금 덜 실패하거나 그 뒤에 이어진 아주 작은 성공에 안주하지 않고 새로운 도전을 하지 않았을까.

그래, 기사회생, 역전홈런을 치기 위해서는 일단은 타석에 다시 서야 한다. 지금이라도 다시 하면 된다. 아직 날 수 있다.

그를 만나고 온 날, 뭐라도 새로운 도전을 해야겠다고 다짐했다. 차갑게 식어있던 가슴이 뜨겁게 달아올랐다. 롤 모델이 나를 일으켜 세우기 시작한 것이다. 다시, 시작하자고.

온도 차이
직원은 알람에 깨고,
대표는 악몽에 깬다

미지의 적
실패의 전주처럼
협박전화는 울리고

내 안의 적
완전히 망한 후의 시간들,
아무도 없었다

**How to Overcome
Failure**

도덕적 해이
억울해도,
내가 책임진다

불가항력
원인 없는 실패가
더 아프다

PART 3
실패 후,

각성

introduction
development

turn

conclusion

직원은 알람에 깨고,
대표는 악몽에 깬다

"응, 하고 있는 일이 잘 되면
행복하기만 할 것 같지? 천만에.
지금 이게 정말 잘 되는 게 맞는지,
언제까지 이렇게 잘 될 수 있을지.
대표란 사람은 늘 막연한 불안감에
휩싸여 살 수밖에 없어. 직원이 많거나
사업의 규모가 크면 클수록
더 그럴 테고."

"포기하면, 그 순간이 바로 시합종료에요."

농구를 주제로 한 스포츠 만화 『슬램덩크』 속의 명대사다. 강적을 만나 패색이 짙어지자 슬슬 경기를 포기하려던 팀원들에게 감독이 건넨 말이다. 감독의 말에 마음을 잡고 끝까지 포기하지 않은 그 팀은 결국 막판 대역전을 만들어낸다. 훌륭한 승부고 멋진 결과다.

사업과 스포츠는 팀을 이뤄 목표 달성을 향해 달려간다는 점에서 꽤 유사해 보이지만 자세히 살펴보면 엄연히 다르다. 스포츠의 묘미는 '승패도 중요하지만 그 과정이 결과 못지않게 아름답고 소중하다'는 데에 있다. 그래서 우리는 지고 있는 팀에게도 끝까지 승부를 포기하지 않는 그들의 모습에 감동하고 열광한다. 그러니까, 스포츠에서는 '졌지만 잘 싸웠다'라는 말이 종목과 상관없이 두루 쓰인다.

사업은 그렇지가 않다. 실패하여 망한 사업에 '고생 많았다, 정말 감동적이었다, 멋있었다, 좋은 시도였다'라고 말할 사람은 아무도 없다.

기업의 스토리텔링이 제품과 서비스의 감성마케팅과 간접홍보 차원에서 중요한 시대지만 그것은 수단일 뿐이다. 군더더기를 다 빼고 그래서 얼마나 판매했는지 결국은 얼마나 벌었는지가 중요할 뿐이다. 스포츠와는 다르게 사업에 대한 평가는 냉혹하리만치 차갑고 이성적이다. 철저하게 결과만을 본다.

사업은 시작하는 데에도 큰 용기가 필요하지만, 실패를 인정하고 포기하는 것에는 더 큰 용기가 필요하다. 거기에는 여러 가지 현실적인 어려움이 가득하다. 그래서 사업은 성공하는 것만큼이나 망하는 것도 어렵다. 정말이다. 그럼에도 불구하고 삶을 낭비하지 않으려면 버텨야 할 때와 관둘 때를 명확하게 판단해야 한다.

"대표님, 드릴 말씀 있어요."
직원 한 명이 조심스럽게 말을 건넨다. 이미 '할 말이 있다'는 한 마디만 듣고도 좋은 이야기는 아니겠구나, 충분히 짐작이 가능하다. 그런 면에서 사업은 오히려 연애와 유사한 점이 있다. '할 말이 있다'거나 '생각할 시간을 갖자'라는 이야기가 연인 사이에 오간 후 이어질 결말에 대해 어렵지 않게 추측할 수 있듯이 말이다.
"응, 편하게 말해요."
이미 당신이 무슨 말을 할지 알고 있으니 미안해하거나 부담 갖지 말고, 라는 말은 굳이 하지 않았다.
"제가 회사에 꼭 필요한 사람인가 많이 고민했어요. 아무래도 저는 회사에 어울리지 않는 사람 같아요. 잘 해주셔서 무척 감사하지만, 그만두려고요."

천천히 이야기를 듣다가 심장이 쿵. 하고 내려앉는 것을 느낀다. 짐작하여 알고 있는 것과 상대의 언어를 통해 확실하게 듣는 것은 다른 이야기다. 서운함과 섭섭함이 밀려왔지만 쿨한 척 웃는다. 어차피 바뀔 것은 없으니.

"그렇게 생각했구나. 나는 생각이 달라요. ㅇㅇㅇ 씨를 채용한 것은 ㅇㅇㅇ 씨의 긍정적인 사고와 태도가 팀의 분위기에 큰 도움이 된다고 생각해서였답니다. 물론 마케팅팀에서 ㅇㅇㅇ 씨가 가지고 있는 전문 지식과 그동안 보여준 성과들에 대한 고마움도 크고요. 다시 한 번 생각해 봐주는 게 어때요?"

어차피 끝난 관계지만, 예의상 한 번 더 권한다. 물론, 직원은 꽤 미안하다는 표정으로 "죄송합니다"라고 답한다. "그래도 저 일하면서 정말 즐거웠어요"라는 말을 괜스레 덧붙인다.

그 지점에서 확 짜증이 치민다. 그런 감상평은 동아리 활동 관둘 때나 말했으면 좋겠다고, 회사는 당신의 추억과 즐거움을 위한 놀이공원이 아니라고, 역시 속으로만 생각한다.

회사의 비전이 사라졌다. 목표와 계획이 틀어지고 팀이 흔들린다. 일할 거리가 사라지고 일할 사람이 부재하는 순간 사업은 완전히 끝난 것이다. 대실패다. 다른 누구도 아니고 함께했던 직원들로부터 사망선고를 연달아 듣는 일은 괴롭다.

사업을 포기해야 하는 시점은 언제일까?

목표로 하던 일이 도저히 불가능하게 되었을 때일까. 아니면 팀 내에 큰 불화와 반목이 생겼을 때일까. 그도 아니면 이번 달의 사무실 월세를 내지 못할 정도로 자금이 바닥났을 때? 그렇다면 사업의 실패는 결국 매출이 0원이 되는 순간인가….

도대체 실패란 무엇일까?

사업의 시작은 그 사업을 결심한 순간, 혹은 사업자등록증 상 '개업연월일' 칸에 적힌 날짜로 비교적 명확히 가늠할 수 있지만, 사업의 끝은 도대체 언제란 말인가.

그런 면에서 유독 연애와의 유사점이 재차 발견된다. 그녀와 그의 끝은 어느 시점이었을까. 갑자기 끝난 걸까, 어느 사건을 계기로 서서히 끝나간 걸까.

연애가 상대를 보내줄 용기를 필요로 한다면, 사업은 그것을 포기해야 할 용기가 필요하다. 앞서 말했듯이 사업은 시작하는 것보다 끝내는 것이 더 어렵고 복잡하다.

가장 중요한 것은 결심이다. 사업을 끝내기 위해 결심을 하려면 실패한 것을 인정해야 한다. 실패를 인정한다? 이거 참 쉽지 않다. 어렵다. 얼마나 힘들게 시작한 사업이던가. 시작할 때 잔뜩 기대에 부풀어 있던 그 마음이 점차 쪼그라들어 가고 있음을 느끼는 것은 또 얼마나 애잔하고 슬픈 일인가.

"현우야, '직원은 알람에 깨고, 대표는 악몽에 깬다'는 말 들어본 적 있어?" 내가 물을 한 모금 마시며 말했다.

아직 한창 애스크컬쳐를 운영하고 있던 시절, 광화문에 있는 한 식당에서 '창업을 하고 싶다'는 직원과 단둘이 식사할 때였다.

"처음 들어보는 것 같은데요?" 현우가 답했다.

"하하, 당연히 그렇겠지."

"누가 한 말이에요?"

"내가." 나는 그렇게 말하고 멋쩍어하며 웃었다.

"무슨 뜻이에요?" 현우가 물었다.

"말 그대로야. 아침에 일어나 직장으로 출근하는 사람들은 대부분 휴대전화나 시계에 알람을 맞춰두고 잠을 자잖아. 그리고 아침마다 그 알람소리에 일어나 하루를 시작하고."

"네, 그렇죠."

"대표는 알람이 아니라 악몽에 깨."

나는 수저를 테이블 위에 내려두고 냅킨으로 입가를 닦고 진지한 표정으로 말을 이었다.

"나는 그래. 뭐, 다른 대표들도 아마 대부분 그럴 거야. 꼭 거창하게 사업을 하는 사람뿐 아니라 작은 가게나 식당을 운영하는 사람도 마찬가지일 거고. 옆에서 커피 한 잔 하고 들어갈까?"

"네, 좋아요." 현우가 대답했다.

광화문의 평일 점심시간은 어느 식당, 어느 카페든 만원이었다. 다들 바빠 보였다. 음식과 음료를 파는 사람들이나 소비하는 사람들이나 그저 지나가는 사람들까지. 모두들 분주했다. 건물과 건물 사이 도보 옆에 우두커니 서 있는 나무들만이 그들의 그늘 밑에서 바삐 살아가는 사람들과는 무관하게 여름 햇살을 만끽하고 있었다.

우리는 식당 옆에 있던 한 커피숍에 들어갔다. 몸의 피로가 눈에 집중됐다. 밝은 채광을 눈에 그대로 담기에는 안구의 저항력이 떨어져 있었다. 햇볕이 안 드는 자리를 찾아 구석 자리에 앉았다. 주문한 음료가 나오자 현우가 먼저 다시 말을 꺼냈다.

"왜 악몽에 깨요?"

나는 뜨거운 커피를 조심스럽게 한 모금 마시고 대답했다.

"늘 두렵고 불안하거든. 사업이 잘 안 될 때는 도대체 언제까지 잘 안 되는 건지 이 사업을 계속해야 되는지 늘 걱정과 근심이 끊이질 않지. 그건 당연한 거야. 사업이나 장사가 죽도록 안 되는데 그걸 행복하다고 생각하는 사람이 있잖아? 그 사람 백 퍼센트 변태야. 그런 사람 꼭 조심해."

배가 부른 상태에서 따뜻한 음료까지 마시자 졸음이 쏟아졌다. 그즈음 내 하루 평균 수면 시간은 2~3시간 남짓이었다.

"사업이나 장사가 잘 될 때도 마찬가지야." 내가 졸음을 참으며 말했다.

"에? 잘 될 때도요?" 현우가 의아해하며 물었다.

"응, 하고 있는 일이 잘 되면 행복하기만 할 것 같지? 천만에. 지금 이게 정말 잘 되는 게 맞는지, 언제까지 이렇게 잘 될 수 있을지. 대표란 사람은 늘 막연한 불안감에 휩싸여 살 수밖에 없어. 직원이 많거나 사업의 규모가 크면 클수록 더 그럴 테고."

"아…. 사업을 해본 적은 없지만 뭔지 알 것도 같네요."

"아무리 내가 타고난 체력이 좋아도 피곤해서 정신이 멍할 정도야. 사무실에 있는 그 이층침대에서 쪽잠을 자는 와중에도 거의 열에 아홉 번은 악몽을 꾸는 거 같아."

"악몽….'

"응, 악몽. 그것도 아주 지독한, 종류도 다양해. 사업이 망하는 꿈, 일에 문제가 생기는 꿈, 직원들에게 안 좋은 일이 생기는 꿈 등등. 하루 종일 사무실에 앉아서 일만 하니까 꿈도 사업 관련된 꿈만 꿔. 온 신경이 거기에 가 있으니까. 어떨 땐 꿈에서 일을 한 적도 있어. 웃기지? 근데 정말이야."

"옆에서 늘 보고 있긴 하지만, 너무 피곤하고 힘들 것 같아요. 어떻게 그런 생활을 버티죠?"

"버티기보다는 미쳐있는 거지. 내가 이걸 왜 하고 있는지, 이렇게 해서 얻고자 하는 게 뭔지 뭐 그런 것들조차 생각할 겨를도 없이 그냥 기계처럼 혹은 습관적으로 하고 있는 거지."

"쉬엄쉬엄하면 안 돼요? 우리가 아직 그렇게 긴박할 정도로 중요한 시기는 아니잖아요." 현우가 다시 물었다.

"나도 쉬엄쉬엄하면서 퇴근이라는 걸 하고 싶어. 주말에는 늦잠도 자고, 데이트도 하고 싶고. 그런데 도저히 못 그러겠어."

"왜요?"

"불안해. 자신도 없고. 지금 잘 하고 있는 건지 도무지 알 방법도 없고 어디쯤에 온 건지도 도무지 모르겠어. 그러니 어째? 그냥 열심히 하고 있다고, 그러니 안심하라고 스스로한테 최면이라도 걸고 있어야지. 퇴근이라⋯. 아마 이 사업이 끝나면 말이지, 그게 좋은 식이든 나쁜 식으로든 끝을 봐야 퇴근하지 않을까?"

"⋯⋯."

"그래서, 너한테 하고 싶은 말은 정말 확고한 의지와 확신이 없으면, 창업은 재고再考했으면 좋겠어. 물론 내가 특히 유난을 떨고 있는 거지만 힘들어 정말로. 깊이 고민했으면 좋겠어. 정말로 너를 아끼고 사랑하니까 진심으로 하는 말이야. 알지?"

현우와의 대화가 있은 지 반 년이 지난 후에 드디어 '퇴근'이라는 것을 하게 됐다. 물론 나쁜 식으로 끝을 본 이후였다.

문득 그때 현우와의 대화가 떠오른 것은 그 사업에 바친 열정과 미련 때문이었다. 미쳐있다시피 했는데도 실패로 끝났다. 물론 그 에너지를 올바르게 쓰지 못한 것은 내 잘못이다. 남

탓, 환경 탓, 시대 탓을 하고 싶지는 않다.

간신히 마음을 추스르고 사업을 포기하겠다는 결심을 하고 난 뒤에는 이제 현실적인 문제들에 당면한다. 무수히 많은 정리가 필요하다. 실패로 인한 상실감과 상처를 치유할 시간조차 없다. 갖가지 것들을 정리해야 한다.

직원들은 어떻게 해야 할지, 퇴직금은 어느 정도를 줘야 할지. 사무실을 철수하면 남은 계약 기간에 대한 월세는 보증금에서 제해야 할지. 빚이 있다면 빚은 어떻게 처리해야 할지. 그리고 실업자가 된 나는 이제 어떻게 먹고 살아야 할지 등등. 고민하고 처리해야 할 일이 산더미다.

이미 실패로 끝난 마당에 뒷수습을 하는 과정이 길어질수록 아무 의미 없는 지출만 눈덩이처럼 불어난다. 당장 사무실의 물건들을 정리하는 것도 일이다. 직원들이 쓰던 모니터와 컴퓨터, 비품은 어떻게 해야 할지 이런 사소한 것도 고민이다. 대표 혼자 해결해야 될 문제들이다.

정말이지 사업은 망하는 데에도 큰 용기가 필요하다. 시작할 때나 포기할 때나 그래서 대표는 늘 악몽에 깬다.

실패의 전주처럼
협박전화는 울리고

"누구세요?"
나는 적대감을 숨기지 않고 드러냈다.
"응, 네가 대표니? 반갑다 야."
30대 중반쯤의 목소리를 가진 상대가
비아냥거리는 목소리로 말했다.
첫 마디부터 반말이다.

2016년 초겨울, 나는 '협박전화'에 시달리고 있었다. 그해 늦가을에 느닷없이 '박근혜 정부 국정농단'이라는 사건이 터졌다. 뉴스에서는 '최순실', '차은택'이라는 듣도 보도 못한 사람들의 이름이 매일 거론되고 있었다.

처음에는 '뭐 별일 아니겠지, 나와 전혀 무관한 뉴스들이네' 라고 생각했다. '문체부'라는 정부부처의 이름이 뉴스에서 슬슬 거론되더니 점점 언급되는 빈도가 높아지기 시작했다. 그 해에 문체부와 함께 진행한 프로젝트들이 많았다. 사무실에 묘한 긴장감과 불안감이 흘렀다.

촛불시위가 시작됐다. 광화문 일대에 수많은 사람들이 '박근혜 탄핵', '문체부 해체' 같은 구호를 내뱉으며 거리를 가득 메우고 있었다. 출퇴근을 할 때면 촛불시위에 나선 시민들 틈에서 그들의 성난 함성을 들으며 지나쳐야만 했다. 업무 중에도 사무실 창문 너머로 그 함성들이 고스란히 들려오고 있었다.

거대한 사회적 분노가 결집되고 표출된 현장에서, 그 한복판에서 휘몰아치는 감정의 소용돌이를 여과 없이 계속 받아들이고 있자니 죄 지은 것도 없이 괜히 마음이 위축되었다. 그러니까 우리는 '그 사건'에 물리적으로도 정신적으로도 처음부터 끝까지 한복판에 있었던 셈이다.

그날은 정말 이상한 오후였다. 아직 초겨울임에도 끔찍할 정
도로 추웠고 미세먼지에 가려진 햇빛은 잿빛먼지를 뚫지 못해
한낮인데도 사방이 어두웠다. 덩달아 기분도 우울해지는 그런
날이었다.

최순실, 차은택과 연관되어 문화체육관광부의 특혜를 받았다
는 몇몇 업체들이 뉴스와 신문에 보도되고 있었다. 바로 그즈
음 협박전화가 시작됐다. 첫 협박전화는 그날 오후에 막내직원
이 받았다. 사무실로 걸려온 전화였다.

"아… 저… 저한테 말씀하셔도… 저는 디자이너라… 그런 건
잘 몰라서… 죄송합니다…."

불과 몇 초의 짧은 통화에 막내는 잔뜩 겁에 질린 표정으로 울먹
이고 있었다. 고등학교 3학년, 취업반이었던 막내는 생에 첫 직
장으로 우리 회사를 택했다. 19살, 직원 중에 가장 어렸다. 아직
여리고 쉽게 상처받을 수 있는 나이였기에 모두들 그 친구를 가
장 아끼면서 동시에 늘 어렵게 대하던 직원이다. 야무진 업무능
력으로 실전 경험을 착실히 쌓아나가고 있었다. 여러모로 회사
의 마스코트이자 디자인팀의 소중한 에이스였다. 그런 막내가
긴 머리를 축 늘어뜨리며 물기어린 목소리로 말했다.

"대표님, 대표님이 받아보셔야 될 것 같아요."

안 그래도 막내의 표정을 보자마자 그 옆에 서 있던 참이었다.
나는 단단히 화가 나서 수화기를 건네받았다.

"누구세요?" 나는 적대감을 숨기지 않고 드러냈다.

"응, 네가 대표니? 반갑다 야."

30대 중반쯤의 목소리를 가진 상대가 비아냥거리는 목소리로 말했다. 첫 마디부터 반말이다. 목소리의 톤이 듣는 이의 신경을 묘하게 거스를 만큼 높았다. 지하철 플랫폼에서 전화를 받는지 수화기 너머로 열차 소리가 들렸다. 사무실 인터넷 전화기를 들고 사무실 밖 복도로 나갔다. 문득 이 전화기에는 녹음 기능이 없다는 것을 깨닫고 주머니에 있던 휴대전화를 꺼내 녹음버튼을 누르고 수화기에 가까이 대며 말했다.

"네, 그렇습니다. 실례지만 누구시죠?"

"응, 짜증나게 굴지 마. 내가 누군지는 네가 알거 없고. 너는 그냥 내가 달라는 자료만 주면 돼. 알겠어?"

그 사람의 말투에서 강한 적의와 악감정이 느껴졌다. 누구지 대체, 왜 이렇게 나한테 화가 나있는 걸까? 내가 누군가에게 이렇게까지 원한을 살 일을 벌였던가?

"자료?" 내가 물었다.

"너희 뉴욕 타임스스퀘어에서 광고했잖아. 문체부랑 같이, 그 자료들 나한테 보내."

"무슨 소리하시는 거죠? 대체 어디서 전화주신 거죠?"

"그건 네가 알거 없다니까. 너 '정유라' 알지? 너도 개처럼 되고 싶지 않으면 내가 시키는 대로 해."

정유라…? 대한민국 국민이라면 당연히 그 이름을 모를 수가 없다. 매일 같이 뉴스와 신문에 나오고 있었으니까. 도대체 그 이름이 왜 나와 엮여서 나오는 건지 도무지 알 수가 없었다. 나는 그 사람처럼 금수저도 아니고, 대기업이나 교육기관으로부터 특혜라던가 후원이라는 걸 받아본 적도 없었다. 그랬다면 이렇게 고생만 하고 살지 않았을 터였다. 아니, 그런 사람과 부모의 도움을 받을 수 없어 대학교 학비 전액을 학자금대출에 의존해야 했던 사람을 나란히 엮는 것은 해도 너무한 거 아닌가? 괜히 부아가 치밀어 올랐지만 꾹 참고 말했다.

"당신, 무슨 헛소리하는지 모르겠는데, 본인이 누군지도 못 밝히는 사람과 더 할 말 없으니 이만 끊겠습니다."

"야, 잠깐만… 야! 이… 개…."

전화기 너머에서 그리 바람직하지 못한 단어들이 들려왔다. 나는 상대의 말을 더 듣지 않고 전화를 끊었다. 덩달아 한바탕 욕지거리를 하려다가 간신히 참았다. 본능적으로 이 인간은 그런 식으로 대해서는 안 될 것 같다는 생각이 들었다. 그리고 분명히 '그 사람'도 녹취를 하고 있었을 거라는 직감도 있었다.

복도에서 통화를 마치고 사무실로 돌아가자 온 직원들의 시선이 집중됐다.

"무슨 일이에요?" 창현이가 대표로 물었다.

"별 일 아닙니다. 그냥 미친 사람인가 봐요."

웃으며 직원들을 바라보고 말했다. 직원들이 약속이라도 한 듯 하나같이 고개를 옆으로 살짝 갸웃했다. 그들 머리 위에 물음 표가 떠 있는 것만 같았다. 가뜩이나 분위기가 안 좋을 때에 쓸 데없는 이야기로 괜히 직원들을 동요케 할 순 없다. 사무실에 는 냉랭한 침묵이 흘렀다. 막내직원에게 다가가 잠시 나가서 커피 한잔하고 기분 전환도 좀 하고 오라고 조용히 말했다.

"아니에요, 지금 해야 될 일도 많고, 저 괜찮아요."

애써 마음을 잡고 그냥 일하겠다는 말에, 그 어른인척 애쓰는 모습에 마음이 짠했다. 괜찮으니 얼른 쉬다 오라고 떠밀다시피 막내에게 자유 시간을 줬다.

직원들이 각자의 모니터로 시선을 돌리고 이제 어느 정도 분 위기가 진정되자 창현이에게 다가가 조용히 말했다.

"이창현 대리, 우리 옥상 가서 바람이나 좀 쐬고 올까요?"

옥상에 올라가자 창현이가 물었다. "형, 아까 그 전화 뭐에요?"

휴대전화에 녹음된 그 여자와의 통화내용을 들려줬다.

"완전 미친 인간이네요." 침착한 성격의 창현이가 평소 쓰지 않는 강한 단어를 써가며 격양된 말투로 말했다.

"나도 그렇게 생각해."

"누굴까요?"

"음… 전혀 모르겠어. 기자인가 싶기도 하고."

"근데 왜 하필 뉴욕 타임스스퀘어 광고 가지고 그럴까요?"

"글쎄다. 모델 오디션이나 광고 아이디어 공모전에서 탈락한 사람이 이때다 싶어서 분풀이 하는 건가…"

그 해에 우리는 문화체육관광부와 함께 뉴욕 광고에 출연할 모델과 광고 아이디어에 대해 굉장히 큰 리워드를 내걸고 대국민 오디션과 공모전을 진행했다. 광고 모델 오디션에 지원한 사람들은 자신의 모습이 뉴욕 타임스스퀘어 메인 전광판에 걸린다는 사실만으로도 상당한 커리어가 될 터였고, 아이디어 공모전은 당선자에게 무려 '세계일주 항공권'과 '여행경비', 그리고 '애스크컬쳐 인턴십 기회'를 혜택으로 제시했다. 뭐, 직원들이 애스크컬쳐 인턴십은 '벌칙' 아니냐고 우스갯소리를 했지만.

아무튼 해당 공모전과 오디션에 정말 많은 사람들이 지원했다. 그래서 더더욱 투명하게 진행했다. 서비스를 본격적으로 오픈하기도 전에 불공정하고 나쁜 기업으로 인식되고 싶지 않다는 생각과 지원자 한 사람, 한 사람의 간절한 바람을 배반하고 싶지 않다는 마음이 컸다.

영국과 미국 지사에 있는 직원들도 동원됐다. 모든 직원들이 그 많은 지원서류를 교차해가며 확인했다. 본선 최종 심사는 외부 인사들에게도 의뢰해 공동심사제로 진행했다. 탈락한 지원자는 물론 아쉬움이 있었겠지만 이런 식의 보복성 협박을 당할 만큼 불공정한 과정은 일체 없었다.

"일단, 한 번 지켜보자. 분명히 또 전화 올 테니까 너무 걱정 말고." 창현이의 어깨를 두드리며 걱정하지 말라고 말했다. 어쩌면 스스로에게 하는 말일 수도 있었다.

예상은 반만 맞았다. '그 사람'으로부터 나 또는 회사 사무실로 직접 전화는 오지 않았다. 그 대신 내 주변 사람들에게 협박전화를 걸기 시작한 것이다.

'주변 사람'에 대한 기준도 상당히 어설프고 좀스러웠다. 첫 책에 추천사를 써준 사람들 중 고위공직자에 해당하는 사람들을 제외한 나머지 사람들이 그 타깃이었다. 인터넷에 내 이름만 검색하면 가장 쉽게 접할 수 있는 정보를 토대로 멋대로 내 주변 사람을 한정한 것이다. 그러나 친분의 두터움을 떠나 한때 내 도전에 큰 도움을 주셨던 분들에게 이런 식의 폐를 끼치는 일은 정말이지 화가 났다. 그렇게 책에 추천사를 써주셨던 분들에게서 돌아가며 연락이 왔다.

"웬 이상한 여자에게서 이러이러한 전화를 받았는데 무슨 일이냐"고 걱정과 우려가 섞인 말을 전해주셨다.

"자네가 정유라 같은 사람이라는 거 알고 있냐고, 자네에 대해 어떤 이야기라도 본인한테 해주지 않으면 나에게도 피해가 갈

거라고 잘 처신하라는데…, 이게 대체 무슨 일이냐."

또 다른 한 분은 '그 사람'에게 걸려온 통화 내용을 전달하며 자초지종을 요구했다. 나는 눈을 질끈 감고 입 밖으로 새어나오려는 욕지거리를 간신히 목 안으로 삼켜 넘겼다. 염려 끼쳐서 죄송합니다. 잘 해결 후 말씀드리겠습니다, 라고 말하고 전화를 끊었다.

책에 추천사를 써주셨던 모교의 교수님께도 전화가 왔다. 교수님께서 "어떤 여자에게서 교수 연구실로 수차례 전화가 왔는데 너에 대해서 아는 대로 다 실토하라는 등, 황당한 말들을 하기에 영 마음이 쓰여 걱정돼 전화해봤다"고 하셨다.

그 말씀을 듣자 가장 먼저 든 감정은 죄송함이었다. 괜히 나 때문에 겪지 않아야 될 일을 겪게 하는 것 같아 송구했다. 분노는 그 다음이었다.

감정적으로 대응할 일이 아니었다. 법조계에 있는 사람을 소개받아 정식으로 법률상담을 받았다. '그 사람'의 행위가 분명히 위법이라는 것을 확인한 후, 이제 법적으로 대응하기 전에 마지막으로 생각을 정리했다.

이 사람 도대체 누굴까, 도무지 나한테 왜 이러는 걸까?
아무리 기억을 더듬어도 30대 중반 전후의 여성과 일로써나 사생활로써나 당최 연결고리를 찾을 수가 없었다. 범위를 넓혀 친구나 주변 지인을 돌아봐도 짐작 가는 사람이 없었다. 애초에 나라는 인간은 커다란 덩치와는 다르게 감정이 예민하고 소심한 사람이라 타인으로부터 미움받는 걸 싫어했다.

누군가 나에 대해 안 좋은 시선을 던지거나 악담을 한다면 견딜 수 없이 괴로웠다. 그래서 남에게 피해를 준다거나 악감정을 주는 일을 극도로 삼가며 살아왔다. 나 자신이 그런 일을 겪고 싶지 않기 때문이다. 그런 이유로 갈등이 있으면 차라리 정면에서 마주하고 대놓고 얘기를 하면 했지, 유년시절부터 학창시절까지 그 흔한 친구 뒷담화조차 해본 적이 없다. 누군가를 '왕따'시켜본 적도 없었고 그러한 행위를 묵인하거나 암묵적으로 동조한 적조차 없었다.

주변 사람 일리는 없다. 그렇다면 누구란 말인가, 광화문에서 촛불을 들고 있는 이들 중 한 사람일까? 타인의 눈에 비친 애스크컬쳐의 대표라는 사람은 국정농단 사태의 연관자로 보여 '정의의 이름(?)'으로 심판해야 할 대상이라 여긴 것일까. 그렇다면 대체 왜 자초지종을 묻지도 확인하지도 않고 이런 식으로 협박과 욕을 일삼는단 말인가. 뉴욕 타임스스퀘어 광고에 관한 자료는 대체 왜 달라고 하는 걸까.

결국 아무런 실마리도 잡지 못한 채, 고민은 원점에서 헛바퀴만

돌 뿐이었다. '그 사람'의 뒤틀림을 교정할 자신도 거기에 익숙해질 수도 없었기에 이제는 정면으로 맞서 응수할 수밖에 없었다.

사무실의 인터넷 전화기에 남아있던 '그 사람'의 전화번호로 전화를 걸었다.

"어머, 웬일이야? 먼저 전화를 하고? 이제 생각이 바뀌었니?"

'그 사람'이 바로 전화를 받았다. 어이없을 정도로 밝은 목소리였다. 자기가 지금 무슨 일을 벌이고 있는지 모르는 것 같았다.

"이 통화 내용 녹음하겠습니다." 일부러 녹취하겠다고 '그 사람'에게 알려줌으로써 이제 정식으로 대응하겠다는 뜻을 비쳤다.

"당신, 본인이 누군지 밝히지도 못하면서 내 주변 분들한테까지 협박전화 걸고 욕설을 하고 있던데. 참는 것도 여기까지입니다. 앞으로 한 번만 더 이런 식으로 내 주변 분들에게 폭력적인 언사로 무례한 연락을 한다면 그땐 법적으로 대응하겠습니다. 분명히 말씀드렸습니다."

"……."

'그 사람'은 잠자코 듣고만 있었다. 이제야 실감을 하는 걸까, 자기가 무슨 일을 벌이고 있는 건지.

나는 그대로 전화를 끊었다. 모두 진심이었다. 정말이지 성질 같아서는 진즉에 협박, 허위사실유포, 명예훼손으로 고소를 하든, 찾아가 싸우든 했을 터였지만 꾹 참고 최후통첩으로 대신한 것이다.

그 뒤로 '그 사람'에게서 연락이 오는 일은 없었다. 어제 막 선거에서 당선된 국회의원만큼이나 빠른 태세전환이었다. 몇 주간 했던 짓을 봐서는 결국 경찰서나 법정까지 갈 줄 알았건만, 일은 그렇게 최후통첩 한 번으로 허무하리만치 쉽게 일단락되었다.

시간이 많이 흐른 뒤 그때를 떠올리다가, '그 사람' 도대체 뭐 하는 사람일까 문득 궁금해졌다. '그 사람'의 당시 휴대전화 번호를 구글에서 검색해봤다. 경기도 지역의 1인 예술·콘텐츠회사가 검색되었다.

전화를 걸어 "당신 그때 도대체 무슨 생각으로 그랬던 거냐"고, "늦었지만 사과할 생각은 없냐"고, 묻고 싶었지만 관뒀다. 경험상 사람은 쉽게 안 변한다. 그렇게 막무가내에 비이성적으로 행동하는 사람과는 안 엮이는 게 가장 상책이다. 누군가를 물에 빠트리려하면서 내 옷은 젖지 않으려는 것은 욕심이다.

부디 '그 사람'이 하고 있는 사업이 앞으로 잘 풀려서 마음의 여유를 찾길 바랄 뿐이다. 진심이다. '그 사람'의 전화번호를 영구히 삭제했다.

진짜 고난은 그런 어설픈 협박전화 따위가 아니었다. 더 큰 파도가 몰려왔다.

망한 후의 시간들,
아무도 없었다

"세상에는 슬픔보다 더 나쁜 게 있어,
그건 혼자 슬픈 거지."
언젠가 봤던 영화 속의 대사가 문득
스쳤다. 그 장대한 꿈으로 희망차게
시작했던 모험이 이렇게 무너져
내렸건만, 그 사실을 애석해하고
슬퍼하는 건 결국 나 밖에 없었다.

국정농단 사건의 진상과는 별개로 (혹은 그 연장선상에서) 조금이라도 해당 사건에 연관성이 있을 것 같아 보이는 정부 부처의 관계자들, 특히 문화 콘텐츠와 한류 관련 사업 담당 공무원들, 즉 한국문화 공유 플랫폼 애스크컬쳐와도 연관이 있는 담당자들이 인사이동 또는 해직되었다.

애플리케이션 개발도 등한시하며 최우선으로 열심히 구축해 둔 관계였다. 함께 준비하던 그 다음 연도의 프로젝트를 수행할 관계자들이 한 순간에 모두 증발해버린 것이다.

애플리케이션의 정식버전 출시와 함께 세계 각 지역에 있는 한국문화원에 '한국문화체험존'을 만들 계획이었다. 해외의 현지주민들에게 한국문화를 체험할 수 있는 오프라인 공간을 제공하면서 동시에 애플리케이션이라는 온라인을 제공해 오프라인과 온라인 투 트랙으로 한국문화 공유 사업을 확장할 계획이었다.

준비도 많이 진행해 둔 상태였다. 특히 미국에 있는 한국문화원에는 몇 번을 찾아가 한국문화 공유 플랫폼 사업의 취지와 당위성에 대해 설명하고 함께 프로젝트를 진행하기로 어느 정도 확답을 받아둔 상태였다. 나와 제임스는 한국문화원 인근에 한국문화체험존을 운영하기 적당한 장소를 물색하고 있었다. 그렇게 1년간 전 세계에 있는 한국문화원을 찾아갔고 어렵게 설득을 마무리하고 본격적으로 계획을 실행하려는 중이었다.

힘들고 어렵게 준비했던 일련의 계획들이 허공으로 사라졌다. 프로젝트가 연장될 줄 알았던 '융합한류사업'도 그 해로 끝이 나 버렸다. 정확히는 프로젝트의 규모가 상당히 축소된 채 '이전 년도의 파트너사는 참여불가'라는 조항이 생긴 것이다.

엎친 데 덮친 격으로 수행했던 프로젝트에 대한 '정산보고'가 '감사' 수준으로 진행됐다. 그 1년간 프로젝트를 진행하면서 썼던 수억 원의 사업비를 10원 단위까지 전부 보고하고 투명성을 입증해야 하는 상황이었다. 천만다행인 것은 그 사업비로 다른 짓을 안 했다는 것이다. 다행히 나는 그런 면에서는 꽤 고지식하고 보수적인 사람이었다. 결과적으로 그게 내 목숨을 살린 셈이다.

그 프로젝트 사업비를 조금이라도 소위 '남들 다 하듯 융통성 있게' 썼다면, 나 역시 표적이 되어 국정농단 당사자들과 함께 나란히 구치소에 갔을 터였다.

그 정산보고를 위해 모든 직원이 각자의 업무를 멈추고 1월과 2월, 겨우내 정산보고 자료를 준비해야 했다.

몇백 원 단위의 편의점 지출도 영수증을 찾아내 '지출결의서' 형태로 A4용지에 하나하나 붙여 사용 목적과 사용처, 사용 날짜, 사용한 담당자 이름 등을 일일이 기입했다. 그렇게 모두 정리하고 나니 A4용지로 1만 장이 넘어갔다. 1만 장. 우체국 대형 택배 박스로 몇 개나 될 정도의 분량이었다.

그 투명하고 꼼꼼한 대응 덕분에 애스크컬처를 향한 의심의 눈초리에서 완전히 벗어날 수 있었다. 불행 중에 최악은 면한 셈이었다.

정산보고가 끝날 즈음 이미 직원들은 지친 기색이 역력했다. 그 심정을 누구보다 잘 이해할 수 있었다. 가장 지친 건 나였으니까. 나도 내가 설립한 회사가 꼴 보기 싫어질 정도였는데, 직원들은 오죽했을까.

연초부터 감사를 받고 다들 완전히 지쳐있었다. 새해에 맞춰 준비한 모든 일정과 계획은 날아가고 없었다. 간신히 모든 기능을 구현해둔 완성된 애플리케이션만 덩그러니 남아버렸다.

"대표님, 드릴 말씀이 있어요…."

그렇게 하나 둘 직원이 떠나가기 시작했다.

나는 그들을 잡을 명분도, 잡을 기력도 남지 않은 상태였다. 그들 한 사람 한 사람에게 경력증명서와 함께 진심을 담은 추천서를 써줬다. 어디서든 귀하게 쓰일 재능이 있는 좋은 사람들이었다. 아쉽고 서운한 마음보다는 미안한 마음이 컸다.

센터는 입주기업 연장심사에서 애스크컬쳐를 탈락시켰다.

장관이나 차관 같은 '높은 양반'들이 센터에 방문하면 허구헌날 우리 사무실로 데려와 그 2층 침대책상 옆에서 "우리 벤처기업들이 이렇게 밤을 새워가며 열심히 합니다" 할 땐 언제고….

"되도록 빨리 비워주세요 대표님."

센터장도 아니고, 팀장급도 아니고, 실무진도 아니고, 단기계약으로 갓 입사한 막내 매니저가 사무실로 찾아와 말했다. 이건 마치 인기가 없어져 숲에 방생해버린 서커스단의 원숭이가 된 심정이었다.

직원들은 모두 그만두고, 하루아침에 사무실을 되도록 빨리 비워줘야 되는 상황까지 되었다. 1년간의 사업비 중 절반이 연대보증이 들어간 대출인 덕분에 수억 원의 빚만 남았다.

깨끗이 비워져있는 사무실은 광부가 사라진 광산, 또는 어부가 사라진 어촌마을처럼 휑하고 공허했다.

"세상인심 한 번 참…."

고작 만으로 서른이 된 나는 텅 빈 사무실에 홀로 남아 인생의 풍파를 다 겪은 노인처럼 자조 섞인 생각을 했다.

제법 괜찮은 사업아이디어로 유능한 사람들과 꿈에 부풀어 시작했었다. 정부 주요기관과 대기업이 모인 '한류기획단'의 사업파트너로 선정되어 많은 자본을 가지고 시작한 벤처기업이었다. 청와대의 관심과 기대를 받고, 장관·차관 같은 최고위직 관료부터 많은 언론까지 칭찬하고 지켜보는 유망한 스타트업이었다. 설립한 지 몇 개월 되지도 않아 뉴욕의 중심가에서 가장 큰 전광판에 광고를 진행한다고 했을 때, 다른 스타트업 대표들과 업계 사람들이 그 파격적인 행보에 응원과 찬사를 아끼지 않았다. 서비스를 정식으로 론칭하기도 전에 이미 VCVenture Capital들로부터 물밑 접촉이 오가고 있었다. 애스크컬처는 사람으로 비유하자면 나와는 달리 '금수저'로 태어난 '엄친아'였다.

그랬던 회사가 이렇게 끝을 알 수 없는 깊은 바닥으로 가라앉기까지 걸린 시간은 고작 반 년. 뉴욕 타임스스퀘어에서 보란듯이 한국문화와 한국문화 공유 플랫폼을 광고한 지 5개월도 안 됐다. 좋은 향과 아름다운 자태를 가진 예쁜 꽃을 피우기 직전이었다. 그동안 거름과 물을 열심히 주어 온 가지 끝마다 꽃봉오리가 알차게 매달려있었는데 꽃을 피우기도 전에 갑자기 고사枯死해 버렸다.

사무실에 있던 짐은 일단 센터 내의 창고에 옮겼다. 집에서 청소기와 걸레를 가져와 짐을 뺀 사무실을 구석구석 깨끗이 닦았다. 벽에 걸려있던 회사 포스터며, 책상에 빼곡하게 붙어있던 포스트잇이며, 숨 가쁘게 달려왔던 추억들을 모조리 떼어 쓰레기통에 가져갔다. 그 안에 그대로 넣으려다가 도저히 버리질 못하겠어서 가지런히 모아 쇼핑백에 담았다.

혼자 대청소를 마치고 나서 빈 사무실에 덩그러니 남아있는 2층 침대책상을 바라봤다.

"젠장, 저 큰 걸 어떻게 치워야 하나…."

석제, 민구, 명훈이까지 넷이서 겨우 옮겼던 걸 혼자 치우려니 막막했다.

"이거 지금 실화지?"

혼자 중얼거리다가 갑자기 웃음이 났다. 실성한 건 아니었다. 그렇다고 '힘들 때 웃는 게 일류다!'라고 말할 때의 그런 당찬 웃음도 아니다. 그저 한 편의 시트콤을 보는 것 같았다. 청춘의 성장기를 다룬 밝은 극인 줄 알았는데 지독하게 시니컬하고 매사가 부정적인 작가가 쓴 블랙 코미디다.

누구 탓을 하겠는가? 그 작가는 다름 아닌 나인 것을. 이렇게 되기까지 그 하나하나의 선택이 모두 대표인 내 책임이다. 그러니 미워하고 아쉬워해야 할 대상도 바로 자신이다. 그렇게 생각해야만 지금 마주하고 있는 이 비현실적인 상황을 납득할 수 있고 견디어 낼 수 있을 것만 같았다. 그리고 그게 사실이기도 했다.

"세상에는 슬픔보다 더 나쁜 게 있어, 그건 혼자 슬픈 거지."

언젠가 봤던 영화 속의 대사가 문득 스쳤다. 그 장대한 꿈으로 희망차게 시작했던 모험이 이렇게 무너져 내렸건만, 그 사실을 애석해하고 슬퍼하는 건 결국 나 밖에 없었다. 그 사실만큼은 좀처럼 견디기 힘들었다.

담담하게 모든 책임을 받아들이겠다는 결심과는 별개로 솟구치는 슬픔은 좀처럼 쉽게 가라앉지 않았다.

억울해도,
모든 책임은 내가 진다

불과 1년 만에 직원도, 사무실도,
해야 할 사업도 없이 그 지경까지
되어버려 다시 원점이 되었지만,
아직 포기할 수 없었다. 모든 걸
포기하기엔 만 서른 살이라는 나이는
여전히 너무도 젊었다.

"The buck stops here (모든 책임은 내가 진다)"

- 해리 S. 트루먼 대통령의 책상 위에 놓인 명패에 적힌 글

직원들이 모두 떠나고 사무실도 잃었던 2월이 지나고 3월이 왔지만, 3월은 2월보다 더 혹독했다. 그 사이 혼자 텅 빈 사무실에서 복도의 한쪽 구석으로 자리를 옮겼다.

"대표님, 부탁 좀 드리겠습니다."

옆 사무실 쥬얼리 회사의 대표에게 그 회사 인턴들이 책상과 의자를 놓고 쪼르륵 앉아있던 그 복도 한 켠 구석에 임시로 책상 하나만 내어달라고 부탁했다. 똑같은 입주기업이었지만 우리 회사만큼 주목받지도 못했고 수상 실적이 화려하지도 않았던, 우리보다 작은 사무실에 있던 회사였다.

그 회사의 인턴들이 (그들의 주요 업무는 배송 물품 패키징이었다) 일하고 있는 복도의 가장 구석에 꿔다놓은 보릿자루 마냥 작은 책상을 두고 혼자 앉아있자니 비참했다. 그 인턴들이 자꾸 '쟨 뭐야?'라는 눈빛으로 힐끗힐끗거리는 게 느껴졌지만 달리 방법도 없었다.

"대표님, 이제 입주기업이 아니셔서 출입증 반납하셔야 된다고 합니다."

센터의 그 막내 매니저가 복도 구석에 앉아있던 내게 다가와

말했다. 출입증을 반납하라는 이야기는 센터에 들어오지 말란
이야기였다. 센터의 고위 관계자들에게 서운함이 밀려왔다.

'나도 눈치라는 게 있으니 사정은 충분히 알겠는데 그래도 위로
나 격려 한 마디라도 해야 하는 거 아니냐'고, '아무리 이제는 쓸
모없어진 원숭이라도 작별 인사는 해줘야 하는 거 아닙니까?'
라고 전화라도 할까 하다가 구차한 것 같아서 관뒀다. 상사가
시키는 대로 할 뿐인 막내직원에게 애먼 소리를 해봤자 달라질
것도 없었고, 전후 사정을 모르는 그녀에게 무슨 말을 하겠는가
싶었다.

재킷 안쪽 주머니에 있던 출입증을 꺼냈다. 1년 사이에 손때가
잔뜩 묻어있었다.

입주기업으로 선발되어 출입증을 처음 받았을 때가 떠올랐다.
나도 민구도 명훈이도 석제도, 모두가 뛸 듯이 기뻐하며 이제
우리에게 승승장구할 일만 있을 거라고 생각했다. 불과 1년 만
에 이런 식으로 끝나리라고는 정말 눈곱만큼도 생각하지 못했
다. 명치끝이 저려왔다. 옷소매로 손때 묻은 출입증을 박박 닦
아 매니저에게 건넸다.

"지난 1년 동안 더운 날 덥지 않게, 추운 날 춥지 않게, 그렇게
365일 24시간 잘 썼습니다."
SNS에 깨끗이 비워둔 사무실 사진 한 장과 함께 짧은 글을 남

겼다. 센터의 고위 관계자들이 그 글에 조용히 '좋아요'를 눌러 둔 모습을 보고 할 말을 잃었다. 나와는 정신이나 감정의 알고리즘이 다른 이들이려니 하는 수밖에.

그 상황에서도 쥬얼리업체 대표에게 부탁해 방문자 출입증을 발급받아 얼마간 더 버텼다. 나도 참 진상이지. 어쨌든 그 복도의 구석에 앉아 와신상담하고 있었다.

우선은 실패에 대한 책임을 지기 위해 여러 가지를 확인했다. 역시 제일 중요한 것은 '돈 문제'였다. 법인 명의로 대출한 사업비 수억 원이 강한 압박으로 마음을 짓눌러왔다.

개인사업자와 법인사업자는 다르다. 법인은 대표자와는 별개의 '법적 인격체'다. 말인즉슨 내가 설립했지만 내 것이 아니라는 이야기다. 다르게 해석하면 굳이 대표가 A부터 Z까지 법인의 모든 책임을 질 법적 의무는 (횡령, 배임 등의 특수한 경우를 제외한다면) 없다는 이야기이기도 했다.

고민했다. 법인을 파산시켜 버리면 적어도 수억 원의 빚은 갚지 않아도 된다. 이 지경이 된 마당에 달콤한 유혹이 아닐 수 없다. 이제 만으로 서른 살, 혼자 온전히 떠안고 있기에는 액수가 너무 컸다. 고민하고, 고민하고 또 고민했다.

은행대출의 보증을 서준 신용보증기금의 담당자도, 대출을 실행해준 은행의 담당 과장도 해가 바뀌면서 이미 다른 지점으로 간 터였다. 내가 그 돈을 갚지 않고 법인을 파산시켜버린다고 해도 누군가 그 일에 대해 강하게 책임을 지거나 피해를 입을 사람은 (적어도 표면적으로는) 없어 보였다.

연예인, 유명 정치인, 심지어 대기업들도 이런 식으로 수틀리면 자신들이 세운 법인회사를 부도내고 '나 몰라라' 하는 일이 허다했다. 그러곤 정작 본인들은 아무 일 없이 잘 사는 경우가 우리사회에는 정말 많았다. 정말 실리적이고 약은 사람들이다. 사람이 그런 면도 좀 있어야지, 라고 누군가 말할지도 모르겠다. 도덕적 해이moral hazard라는 말은 바꿔 말하면, 도덕의 문제이지 법의 문제는 아니라는 뜻도 내포되어 있었다.

그래, 솔직히 내 친구나 내 가족이 이런 상황에 처했다면 나도 그렇게 하라고 말할지 모를 일이다. 그걸 미련하게 왜 너 혼자 갚고 있냐고. 답답해했을 것이다.

다행스럽게도(안타깝게도) 나는 고지식한 사람이다. 내가 결정한 하나하나의 선택들이 모여서 만들어낸 결과였다. 그에 대한 책임 또한 오롯이 나에게 있다. 생각이 거기에 다다른 뒤로 적어도 법인명의의 빚을 모두 갚기 전까지는 폐업을 하지 않기로 했다. 미혼이다. 책임질 가정이 있는 것도 아니니까 그나마 다행이었다. 가정이 있었어도 같은 선택을 했겠지만.

애스크컬쳐AskCulture. 긴 고민 끝에 방문자들이 먼저 문화체험을 요청할 수 있는 플랫폼이라는 의미Ask+Culture로 지어준 이름이었다.

'법인'이라는, 눈에 보이지도 않고 실존하지도 않는 존재에게 강한 애틋함 마저 들었다. 아름답고 찬란하게 시작했지만 초라하게 빚만 남은 이름일지언정, 내 손으로 만든 내 자식이다. 거기까지 생각하니 이건(책임을 지는 건) 당연한 결정이라는 생각이 들었다.

도덕적이니 법적이니 하는 차원의 문제가 아니다. 당연히 해야 할 일이다. 내가 쓴 돈이다. 번 돈을 썼다면 더 다행이었겠지만 어쨌든. 빌린 돈을 썼으면 당연히 갚아야지. 나는 지극히 상식적이고 당연한 사실을 있는 그대로 받아들였다.

신용보증기금에 대출보증서 연장 요청을 하러 갔다. 일부는 대표자로서 내가 연대보증을 서기로 했다. 이제 퇴로도 없다. 개인 통장에 가지고 있던 모든 돈을 '가수금'의 형태로 법인에 옮겨 그 돈으로 당분간 사업을 진행하기로 결정했다. 빚만 잔뜩 남아 수익을 창출하기는커녕 숨이 넘어가기 직전인 회사에 내 전 재산을 넣어버렸다. 인공호흡기를 달아줬다는 표현이 어울릴까? 일단은 뭐라도 해서 돈부터 다시 벌어놔야 했다. 애스크컬쳐의 플랫폼 사업은 애플리케이션이 완성되었다 하더라도 홍보와 서비스 관리, 유지를 위해서는 막대한 돈이 들어가는 사업이다. 그것을 계속할지 여부와는 별개로 어쨌거나 지금은 돈을 벌어야 했다.

도덕적 책임을 다하기 위해서, 다시 사업을 일으켜 더 나은 삶을 살기 위해서, 돈이 될 만한 사업을 고민했다.

그해 초, 겨울 끝자락에 남의 사무실 앞 복도 구석에서 벽 앞에 바짝 붙여둔 책상에 앉아 실패하고 망한 사실을 깨끗이 인정하고 그 이후를 준비하기 시작했다.

불과 1년 만에 직원도, 사무실도, 해야 할 사업도 없이 그 지경까지 되어버려 다시 원점이 되었지만, 아직 포기할 수 없었다. 모든 걸 포기하기엔 만 서른 살이라는 나이는 여전히 너무도 젊었다.

불가항력
원인 없는 실패가
더 아프다

모든 게 임시방편일 뿐이었다.
원인을 해결하지 못한
임시방편만으로는 한계가 있었다.
천재지변과 같은 그 원인은 일개 개인이
해결할 수 있는 차원이 아니었다.

애스크컬쳐의 한국문화 공유 플랫폼 서비스사업이 실패로 끝난 그해의 봄부터 공사를 시작했다. 오래된 건물을 통째로 리모델링하는 일은 빈 터에 새로 집을 짓는 일보다 더 어려웠다. 수도관과 전기배선부터 기존 것들을 철거하고 새로 깔아야 했다. 건물의 뼈대를 보강하고 포인트가 될 수 있는 곳들에는 잔뜩 힘을 실었다.

몇 달간, 매일 새벽 5시에 인부들과 함께 일을 시작했다. 그들이 하루 일과를 마치고 퇴근하는 오후부터 밤까지는 반복해서 예쁜 집 사진을 보고, 인터넷을 검색하고, 인테리어 관련 서적을 뒤져가며 더 예쁜 공간을 만들기 위해 고민했다.

시끌벅적한 공사현장이 좋았다. 스스럼없이 대하는 인부 아저씨, 아줌마들이 편했고, 전날 밤에 머릿속으로 상상했던 공간을 실체화시키는 작업은 신기하고 경이로웠다. 그렇게 새로운 희망 속에 공간이 완성됐다.

원래는 해외에 있는 한국문화원들과 함께 각 도시에 만들려했던 한국문화체험존을 뜬금없이 서대문구 북가좌동에 지어버린 거다.

앞서 말했듯이 그렇게 만든 공간은 생뚱맞게 방송 촬영장으로 대관하는 곳이 되었다. 그리고 '루프탑 카페하루'는 말 그대로 대박이 났다.

"뭐야 이거? 대체 왜 이렇게 장사가 잘되는 거야?"

인생이라는 게 정말이지 알 수가 없다. (이런 문장은 너무 진부해서 가급적 지양하고 싶지만 이보다 더 적절한 표현을 못 떠올리겠다) 우리유통과 애스크컬쳐 플랫폼 사업을 할 때, 그게 성공으로 향하는 올바른 방향이 아니었을지언정 정말로 최선을 다했다. 하루하루가 치열했다. 매일매일 그날의 기력을 완전히 소진하여 지쳐 쓰러지듯이 잠들곤 했다. 그렇게 열심히 하고도 잘 안되던 일이 '돈 잘 벌기'였다.

자기계발과 자아실현이라는 내적성장을 논외로 치자면, 루프탑 카페하루의 성공과 대박은 어이가 없을 지경이었다. 촬영팀은 매일 끊이질 않았다.

간혹 촬영 대관이 없는 날에는 '워크숍'이나 '스몰웨딩'같은 특수한 목적으로 일반 대관도 병행했는데 이 조차도 대박이 났다.

"죄송합니다, PD님. 그 날짜는 예약이 마감되어서요."

대관 문의 전화가 오면 그중 열에 아홉은 이렇게 대답할 정도였다. 첫해인 2017년부터 꾸준히 사업이 잘됐다. 그렇게 2018년, 2019년이 지나갔다.

"요즘 경기가 너무 안 좋아서 걱정이다"

주변에 장사를 하는 많은 사람들이 불경기라고 너스레를 떨

때에도 루프탑 카페하루만큼은 예외였다. 불경기 따위 나한테는 없다고, 지금의 이 대박이 언제까지고 계속될 것이라고, 생각했다. 이번에야말로 리스크 같은 것은 전혀 없었다.

당연히 정부지원 사업 같은 건 쳐다보지도 않았고(그럴 필요도 없었고), 아이디어에 꽂혀 '복 떡국 떡' 같은 짓도 하지 않았다. 찾아오는 촬영 팀과 주변 이웃이 이름도 '카페하루'니까 커피 좀 팔아달라고, 동네에 커피숍 하나 없는 게 말이 되냐고 할 때에도 고민조차 하지 않았다. 잘할 수 있는 일만 하자고 다짐했으니까.

공간의 컨디션만 늘 수준급으로 유지한다면 방송국이든 프로덕션이든 개인 콘텐츠 촬영이든, 넓고 예쁜 공간에서 작품을 찍고 싶어 하는 촬영 팀은 '무한대'에 가까울 만큼 많았다. 한 번 촬영을 하고 갔던 팀이 "사장님, 여기만 한 곳이 없어요"라고 말하며 다시 찾아오는 일도 부지기수였다.

그러다가 2020년이 됐다.
그리고 다시 암흑의 시간이 시작됐다.

"사장님, 죄송해요. 요즘 코로나 바이러스 전파가 너무 심해서 모든 외부 촬영이 취소됐어요."
수화기 너머로 전해오는 말에 또 심장이 쿵하고 내려앉았다.

"네…, 알겠습니다. 감독님."

"아이구우, 미안해서 어쩌죠?" 감독이 말했다.

"아닙니다. 괜찮습니다. 오늘 내로 대관료 환불해드리겠습니다." 애써 웃으며 답했다. 죽을 맛이었다. 애초부터 없던 매출인 게 차라리 낫지. 이미 결제를 마치고 통장에 들어와 있던 돈을 고스란히 다시 돌려주자니 뭔가 빼앗기는 기분이 들어서 더 억울했다. 전 세계적인 재앙이라고 하니 어쩔 도리도 없다.

팬데믹이 시작되자, 이런 일이 반복되기 시작했다. 기존에 예약했던 팀들이 줄줄이 예약을 취소했다. 대규모 촬영 팀의 예약도 확연히 줄어들기 시작했다. 전염병 감염을 우려해 방송국 내의 자체 스튜디오 촬영으로 전환한 곳이 많았다.

워크숍이나 행사를 위한 대관은 아예 제로, 0건이 되었다. 정부의 '고강도 사회적 거리두기'에 항공·여행·면세·스포츠·공연업계 못지않게 '장소 대관업'도 그 여파를 고스란히 받아 버린 것이다. 이후 2년 가까이 인원수를 제한하는 집합금지 조치가 시행되었다.

많은 사람들이 단체로 모여서 촬영, 모임을 가질 수 있는 공간을 만들어 운영했더니 전염병이 창궐했다. 전염병 확산을 막기 위해 정부에서 아예 영업을 못하게 한다? 기가 막힐 노릇이다.

긴 악몽을 꾸는 듯했다.

'왜 이렇게 인생이 뭐만 할라하면 예기치 못한 일들이 찾아와 괴롭히는 걸까.' 그런 허탈한 마음마저 들었다. 그나마 그간 바짝 벌어둔 돈으로 애스크컬쳐의 빚은 꾸준히 갚고 있었고 여분으로 모아놓은 것 덕분에 매출이 십분의 일로 감소하고도 만 2년을 버텼다. 직장인으로 비유하자면 월급을 200만 원씩 받다가 20만 원만 받는 채로 2년을 넘게 보낸 셈이다.

임대료, 관리비(오래된 주택이라 한 겨울에는 가스 난방비만 월 수백만 원이 나간다), 시설 유지보수 비용, 은행에 갚아 나가고 있는 원금과 이자, 이런 것들은 어떻게 해도 줄일 수가 없는 고정비였는데, 매출이 거의 없었다.

촬영 팀이 뜸해졌다고 해서(손님이 없다고 하여) 공간의 유지보수 (사업)에 대한 투자를 줄이고, 낡은 것들을 그대로 방치하는 일은 더더욱 지양해야 했다. 이럴 때 일수록 어렵사리 찾아오는 촬영 팀을 위해 공간의 컨디션에 더 신경을 써야 했다.

손님이 없더라도 분기마다 공간 전체의 페인트를 그 시즌에 유행하는 컬러에 맞춰 새로 했다. 실내외 가구의 위치를 계속 바꾸면서 공간을 새롭게 재창조하고, 조금이라도 낡은 것들이 있으면 무조건 새것으로 교체했다. 손님이 없고 가게에 파리가 날린다고 대충 장사하다가는 정말로 망해버린다는 것을 이제는 경험상 너무 잘 알고 있기 때문이다. 장사가 안 되더라도, 아니 장사가 안 될수록 장사가 잘 될 때보다 오히려 더 투자를 하고 사업에 깊은 관심과 열정을 가져야 했다.

물론 완전히 손을 놓고 있던 것은 아니다. 예민하고 섬세한 성격 덕분에 상황이 심각하다는 것을 재빠르게 인식했다. 상황에 빠르게 대응하고 어떻게든 해결법을 찾아내려 했다. 바이러스 전파를 우려한 촬영 팀의 첫 예약 취소 연락을 받자마자 수소문해서 '전문 방역업체'를 찾아 공간 전체를 소독·방역해 주는 계약을 맺었다. 그리고 그 업체는 '소독·방역 필증'이라는 것을 매번 발급해 줬다.

모든 공간 예약 사이트의 공간 소개 페이지에 "대관 팀이 올 때마다 전문 방역업체에 의뢰해 공간을 완벽히 소독합니다(소독필증 발행 가능)"라고 적어뒀다. 그리고 무조건 하루에 단 한 팀만 받는 단독 대관을 내걸었다.

모든 게 임시방편일 뿐이었다. 원인을 해결하지 못한 임시방편만으로는 한계가 있었다. 그렇게까지 했음에도 불구하고 한 번 발걸음을 돌린 대관 손님들을 다시 붙잡아 오기에는 역부족이었다. 전염병은 공간의 문제가 아니라 사람간의 전파가 원인이다. 천재지변과 같은 그 원인은 일개 개인이 해결할 수 있는 차원이 아니었다.

그나마 버틸 수 있었던 것은 격주 화요일마다 4년째 촬영을 오고 있는 KBS의 한 예능프로그램 촬영 팀 덕분이었다. 그들이 4년째 화요일마다 촬영을 와주는 덕분에 정말 최소한의 매출은 나오고 있었다. 정말이지 감사한 일이었다. 아마 제작진보다 내가 더 그 프로그램의 시청률이 잘 나오고 프로그램이 장수하기를 고대하고 응원하고 있을지도 모른다.

2022년이 되자, 팬데믹이 조금씩 가라앉는 양상을 보이기 시작했다. 팬데믹이 가라앉는 것인지 팬데믹을 대하는 시민들의 감각이 무뎌지는 것인지는 잘 모르겠다.

어쨌거나 촬영 팀의 경우에는 '사적모임'이 아닌 업무를 위한 필수적 '공적모임'으로 인정되면서 팬데믹 이전의 호황으로 돌아갈 수 있을까 하는 헛된 희망을 가졌지만 그 2년 사이에 상황이 빠르게 변해 있었다.

방송국 소속의 대규모 촬영 팀들은 팬데믹 기간 동안 외부 촬영을 극도로 줄이다보니, 어느새 자체 스튜디오 촬영에 적응되어 있었다. 게다가 경기도 파주에 초대형 세트장과 스튜디오들이 생겨나면서 많은 촬영 팀이 그쪽으로 넘어가 버렸다.

팬데믹의 시대를 인내하고 버텨 '엔데믹' 시대가 되었지만 결국 루프탑 카페하루마저 조금씩 아주 조금씩 실패를 향해 서서히 침몰해 가고 있었다. 도무지 이 사업에서 내가 잘못한 것은 무엇일까? 아무리 고민해도 원인을 못 찾겠는 그런 류의 실패다. 때로는 실패의 원인이 없는 실패도 있다는 것을 담담히 받아들여야 했다.

어느새 정말로 실패에 익숙해지고 단련이라도 된 걸까?

원인 없는 실패를 맞이했지만 정말로 크게 개의치도 않아하고 있다. 오히려 꽤나 담담하고 냉정하게 다음 도전을 고민하고 있다. 심지어는 꽤 설렘까지 느끼면서.

그랬다, 실패란 참을 수 있는 정도의 버거움일 뿐이다.

아니지, 사실은 하나하나의 실패가 주는 충격은 당연히 무겁고 버겁다. 억울하고 개탄스럽다. 심지어 본인이 잘못한 게 아무것도 없는데 망하기 일보직전으로 몰리고 있다니. 속상하고 아프다. 하지만 다른 방도가 없다면 달리 어쩌겠는가? 그 실패를 최소화하여 가볍게 만드는 수밖에 없다.

어느새 나도 모르는 사이에 그 방법을 체득했을 뿐이다.

빠른 실패가
더 큰 실패를 막았다

가장 불편한 사람이
제일 필요한 사람이다

언제나
가슴 뛰게 하는 것은
결과가 아닌 과정이다

회사는
개인의 장난감이
아니다

회복탄력성이 없으면,
다음도 없다

진짜 자기계발은
셀프 헬프self-help다

How to Overcome
Failure

성공과 실패는
한 끗 차이다

천천히
성공하는 인생이 되기를
희망한다

PART 4
실패의,
진짜 힘

introduction

development

turn

conclusion

빠른 실패가
더 큰 실패를 막았다

경험이란, 모든 이들이
그들의 실수에 붙이는 이름이다.
-오스카 와일드 『윈더미어 부인의 부채』에서

한국문화 공유 플랫폼 사업인 애스크컬쳐가 실패로 끝났을 때, 그 깊은 허무함과 허탈감, 패배감을 감출 수 없었다. 그 이전에도 그 이후에도 실패는 많았지만 유독 애스크컬쳐의 실패가 힘들게 다가왔던 건 높은 기대감과 각별한 노력 때문이었다. 내 젊음을 온전히 걸어볼 만한 모험이라 생각했다. 끌어낼 수 있는 모든 역량과 최선의 노력을 다했다. 성공을 믿어 의심치 않았기에 후유증이 더 컸다.

금전적인 손실만 놓고 보자면 루프탑 카페하루의 실패가 더 뼈아팠지만 실패 뒤에 겪은 정신적 충격은 애스크컬쳐 때가 더 컸다. 후유증은 노력과 기대치에 정비례하기 때문이다.

삶의 한 파트가 아주 고약하게 끝났다고 생각했다. 초라하고 외로운 끝이었다. 그보다 더한 실패와 좌절은 없을 거라고 생각했다. 당시에는 상상할 수 있는 모든 삶의 가능성이 막혔다고 여겼다. 내 삶이 세상의 중심으로부터 밀려나버린 듯한 느낌이었다.

하지만 고작 몇 년의 시간이 흐른 뒤, 이런 생각은 완전히 바뀌었다. 지금 생각하면 그때의 실패가 천만다행이었다는 안도의 한숨까지 내쉴 지경이다.

원래의 사업계획대로 '이듬해 본격적으로 한국문화 공유 플랫폼을 전 세계에서 운영했다면?'이라고 상상해 봤다.

한국문화원들과 연계하여 한국문화체험존을 세계 각지에 만들고 그걸 유지하기 위해 현지 직원들을 채용하는 등 사업규모에 맞게 막대한 사업예산이 들어갔다면, 그렇게 2, 3년간 사업을 점진적으로 더 확대했다면, 스스로 '성공'했다고 자화자찬하고 있었을지 모른다. 글로벌 사업을 제대로 하고 있다며 우쭐거리고 있었을 게 분명했다. 그렇게 긴장은 사라지고 성공했다는 착각에 도취된 상태에서 2020년(팬데믹이 시작된 해)을 맞이했다면 어땠을까? 사업은 커질 대로 커진 상태에서 자화자찬 하다가 무방비로 팬데믹을 마주했다면, 어떤 일이 벌어졌을까? 상상만 해도 등골이 오싹하다.

지구 위의 모든 국가들이 바이러스의 확산을 막기 위해 국경을 닫아버렸다. 2차 세계대전 이후로 일관되게 유지되었던 세계화globalization의 흐름이 한순간에 역행하게 된 것이다. 외국인 방문자들과 현지주민들을 연결해 주는 문화체험 플랫폼 사업에서 이러한 국가들 간의 단절은 사업의 뿌리가 흔들리는 일이다. 아니, 뿌리가 흔들리는 정도가 아니라 밑동까지 통째로 사라지는 일이다. 아무리 막대한 수익을 내고 있던 사업이라 한들, 제2·제3의 비즈니스모델을 통해 수익의 다각화를 끌어내고 있었다고 한들, 뿌리가 사라진 사업은 존폐의 기로에 설 수밖에 없다. 빅맥이 없는 맥도날드, 아이폰이 없는 애플,

책을 만들 수 없는 출판사를 상상할 수 없듯이 말이다.

문화공유 플랫폼은 막대한 사업비가 들어가는 사업이었다. 해외지사가 많아질수록 전 세계에서 내야하는 '임대료'도 기하급수적으로 증가했다. 현지 직원들의 '인건비'도 만만치 않다.
팬데믹이 완전히 종료된다 하더라도 국가 간의 교류 재개와는 별개로 개개인의 '인식 변화'가 회복되기까지, 그리고 모두가 마스크를 벗어버리고 정말로 '이전의 일상'으로 돌아가기까지 얼마나 시간이 더 필요할지 알 수 없다.

전 세계적인 역병의 창궐. 21세기에 일어날 수 있는 일인가 싶을 만큼 예상도 대비도 할 수 없는 대재앙이 덮쳤다. 그에 대한 피해는 국가와 개인, 사업체와 조직 등 모든 인류에게 미쳤다. 이 시대를 살고 있는 우리 모두에게 악몽이었다. 하지만 아무리 그렇다고 하더라도 그 피해의 정도는 조금씩 다르다(고 생각했다). 문화공유 플랫폼과 전 세계적인 팬데믹 사태는 완벽한 대척점을 이룰 정도로 서로 상극이다. 결과론에 가깝지만, 그 사업이 크면 클수록 더 크게 망할 수밖에 없는 예고된 실패였다. 더구나 미리 알았더라도 개인이 막을 수 없는 불가항력에 가까운 천재지변이었다.
여행, 관광, 문화 영역의 '공유 경제' 기업은 이 팬데믹 기간에

숱하게 피해를 입었다. 에어비앤비 조차 현지인이 제공하는 문화체험인 '에어비앤비 트립Trip' 서비스를 시작했다가 적지 않은 피해를 입었다.

'차라리 그때 그 시점에서 미리 망하길 다행이었다'라고 생각하게 된 것도 이런 이유들 때문이다.

외적요인이든 내적 한계 때문이든, 기왕 실패할거면 빨리 실패하는 것도 역설적이지만 실패를 최소화하는 하나의 방법이었다. 때로는 빠른 실패가 더 큰 실패를 막아주기도 하는 것이다. 버텨야 할 순간과 견뎌야 할 순간을 정확히 판단해야 하는 이유다.

'빠르게 실패하고, 실패로부터 배우기fast fail, learn fail'라는 말은 이럴 때 사용하는 것이 아닐까. 무작정 빨리 실패해 보라는 말이 아니다. 도저히 답이 안 나온다면 일단은 내려놓고, 한 발 물러나 생각해 보자는 이야기다.

갑자기 주위가 칠흑같이 어두워져 도저히 앞이 안 보일 때를 상상해 보자. 그럴 때는 아무리 급한 일이 있어도 우선은 멈추고 눈을 주위의 어두운 환경에 적응시켜야 한다. 모험과 도전도 같은 맥락이다.

앞이 꽉 막힌 길이라고 생각했던 곳이 사실은 교차로일 수도 있는 것이다. 앞을 막고 있던 벽이 알고 보니 신호등일 수도 있다. 실패는 그런 것이다. 당시에는 막다른 길에 닿았다고 생각했지만 그곳은 교차로였을 뿐이다. 적색신호에 잠시 멈췄지만, 덕분에 우리는 그 길이 맞는지 점검하고 돌아볼 수 있다.

지금 나아가고 있는 길이 나에게 맞는 길인지 아닌지는 나 자신만이 알고 있다. 그 끝에 무엇이 기다리고 있을지에 대한 책임도 오로지 나만 질 수 있다.

위로를 바라는 친구나 후배들에게 '쉽지 않은 길을 택했고 열심히 나아가고 있다면, 앞으로도 흔들리지 말고 우직하게 가보라'고 하고 싶지만 그렇게 하지 못하는 이유이기도 하다. 책임을 나눌 것도 아니면서 무책임하고 막연하게 "응, 잘하고 있네. 계속 힘내자. 화이팅!"이라고 지금 누구 놀리나 싶은 뻔한 말을 할 수는 없지 않은가?

'빨리 실패하기'를 할 때 한 가지 중요한 점은 실패를 맞닥뜨렸을 때 그것을 대하는 '자세'다.

잔뜩 기대를 품고 열심히 했던 애스크컬쳐의 한국문화 공유 플랫폼 사업이 실패로 끝났을 때, 가장 먼저 든 감정은 '부끄러움'이었다. 그 프로젝트를 하는 동안 SNS에 홍보를 빙자한 자랑을 너무 많이 했다. 잘하고 있다고, 나 요즘 잘 나간다고. 스스로를 과대포장 했던 그 '인스턴트한 쾌락'의 시간이 곱절이 되어 부끄러움으로 돌아왔다. 쪽팔리니까 어디서 망했다고 시원하게 얘기도 못하고, 솔직하게 털어놓을 곳이 없으니 그 속상한 마음이 밖으로 표출되지 못한 채 안에서 곪고 있었다.

그 시기를 기점으로 이전과 비교해 나는 꽤 내성적인 사람이 되었다. 감정을 잘 표출하지 않게 되었고, 많은 사람이 있는 자리는 불편해지기 시작했다. 시간이 한참 지나고 돌아보면 그 또한 지나갈 일이었건만, 나는 여전히 '쪽팔리게 됐다'는 체면치레와 허세를 놓지 못하고 있었다.

잠깐의 쪽팔림조차 별거 아니라는 생각으로 대수롭지 않게 굴었다면 어땠을까. 스스로 상처받았다고 생각하며 은둔하던 그 시간을 조금 더 생산적으로 보냈다면 얼마나 좋았을까. 새로운 일을 계획하거나 실행할 수 있는 시간으로 보낼 수 있지 않았을까? 결국 나 역시 교차로를 막다른 길이라 생각하고 좌절하느라 그 시간을 낭비해버린 것이다. 사실은 신호등 앞에서 잠시 멈춘 것뿐인데.

생각보다 사람들은 타인의 삶에 관심이 없다. 누군가가 성공을 하면 적절한 격려를 한다. 물론 조금의 부러움이 담겨있다. 만약 또 다른 누군가가 실패를 했다고 하면 큰 위로를 해준다. 그리고 '그게 내가 아니어서 다행이다'라는 조금의 안도감을 동시에 갖는 게 인간이다. 공감지수에 따라 사람마다 조금씩 다를 수 있지만, 타인에 대한 생각은 보통 그 정도다.

다른 사람은 금세 잊어버리고 기억도 잘 못할 일에 스스로 갇힐 필요가 없다. 목표를 이루기 위해 자신이 계획하고 나아가던 일이 생각지도 못했던 여러 변수와 요인으로 실패할 수도 있는 것이다. 그 실패로부터 어떤 교훈을 얻고 얼마나 더 성장하는지가 중요한 것이다. 망한 것으로부터 아무것도 얻지 못하고 발전도 못한 채 같은 실수와 실패를 반복하는 것. 그것이야말로 정말 쪽팔리는 일이다.

창의력과 열정에는 유통기한이 있고, 나이가 들수록 모험에 대한 리스크는 커진다고 했다. 가급적 빨리 실패해보고 그것들을 통해 배우는 것. 실패를 성공으로 반전시키는 첫 걸음이다.

회사는
개인의 장난감이 아니다

사람들은 자기가 행복하기를 바라는
것보다 남에게 행복한 모습을 보이기
위해 더 애를 쓴다. 그 허영심 때문에
자기 앞에 놓여있는 진짜 행복을
놓치는 경우가 너무나 많다

-프랑스 작가 라 로슈푸코 『잠언집』에서

앞서 이야기했듯이 내 나이 만 서른 살의 가을, 뉴욕 맨해튼의 가장 중심 타임스스퀘어에 내가 설립한 회사를 알리는 광고가 화려하게 전광판을 장식했다. 갑자기 웬 잘난 척이냐고? 그 프로젝트가 사업을 하면서 행했던 모든 일 중에 가장 큰 바보짓이었다는 고백을 하려는 거다.

이 이야기를 하려면 SNS에 대해 먼저 말해야겠다. 우리는 온라인상의 소셜 네트워크 서비스를 통해 서로 강하게 연결되어 있다. SNS를 통해 여러 가지 정보를 서로 교류하며 맺는 네트워크상의 사회적 관계는 이제 일상이 되었다. 인터넷과 SNS가 우리에게 준 가장 큰 선물은 세계가 서로 가까워졌고, 그로 인해 다른 인종, 다른 문화에 대한 거부감이 과거에 비해 놀라울 정도로 줄었다는 사실이다. 기업뿐 아니라 개인에게도 가성비 좋은 홍보수단이기도 하다.

인간은 외로움이 많은 동물이다. 어떤 것으로도 채워지지 않는 삶의 공허함과 허전함을 늘 곁에 둔 채 살아간다. 그래서 타인의 칭찬과 관심에 목말라한다. 나 역시도 그렇다. 그것은 SNS에서도 마찬가지. SNS와 게시글에 반응하는 '좋아요'의 수, 댓글, 이런 것들을 통해 지금 자신이 잘하고 있는지 척도로 삼곤 한다.

나는 여기서 한 걸음 더 나아가, 내가 지금 잘하고 있다고 스스로 확인하기 위한 용도로 삼았다.

사업이 한창 바쁠 때도 매일 꾸준히 게시물을 올렸다. 사진을 고르고, 게시물에 적을 코멘트를 고민했다. 새벽까지 야근하고 있는 사무실의 풍경이나 사람이 많은 자리에서 양복을 입고 발표를 하고 있는 모습, 해외 출장지에서 찍은 사진들이나 남들에게 멋져 보일 것만 같은 그런 사진들과 함께 짐짓 담담한 척 온갖 허세 가득한 게시물을 올렸다.

'힘내라', '멋있다', '부럽다' 같은 댓글들이 달린다. 그걸 보고 만족스러워하고 현재의 내 상태를 판단했다. '나 잘하고 있구나.'

대표는 사무칠 만큼 외로운 포지션이다. 혼자 무엇인가를 만들고 있거나 어떤 새로운 일을 준비하는 이들(이를테면 홀로 힘겹게 취업에 도전하고 있다거나, 프리랜서가 되기 위해 기술을 배우는 중이라거나)도 마찬가지일 것이다.

외롭다. 쓸쓸하다. 이 길이 맞는지 끊임없이 고민하게 된다. 잘되면 잘 되는대로, 안 되면 안 되는대로 걱정이다. 만약 실패하기라도 한다면 그 리스크는 혼자 짊어져야 한다. 늘 불안하다.

그래서 칭찬을 받고 싶다. 잘하고 있다는 위로와 응원을 받고 싶다. 나약하고 어리석어 보이겠지만 혼자서 도전과 모험을 하는 모든 이들이 같은 심정일 것이다. 그래서 SNS를 통해서라도 누군가와 이어져 있고 싶은 마음. 외로움을 해소하려는 이 자연스러운 감정을 나쁘게 볼 수만은 없다.

문제는 이런 감정이 도를 지나쳐 선후가 바뀔 때 발생한다. SNS를 위해 (다른 사람에게 보여주기 위해) 도전을 하는 경우가 이에 해당한다. 순전히 남에게 보여주기 위한 목적으로 도전과 모험을 하는 척하는 것은 지금 하고 있는 그 일이 실패로 끝나게 하는 급행열차를 타는 것과 다름없다.

다시 뉴욕 타임스스퀘어 광고로 돌아가 보자.

어차피 그 해에 써야 하는 홍보비이긴 했다. 프로젝트 협약을 맺은 정부와 이미 그 해에 쓸 홍보비로 약속된 것이니까. 문제는 이 광고를 위해 지나치게 많은 힘을 쏟았다는 데에 있다. 단순 광고지만 이 광고를 사업의 홍보용으로 적극 활용하겠다는 차원에서 대국민 '광고 아이디어 공모전'과 '모델 오디션'까지 진행했다. 개발자를 제외한 전 직원이 이 프로젝트에 수개월을 허비했다. 광고의 목적이 홍보인데, 광고를 하기 위해 홍보를 하는 어처구니 없는 상황이 된 것이다.

더 큰 문제는, 광고가 예정된 시기에 맞춰 완성형 애플리케이션을 출시하기가 어려웠다는 점이다. 팔 물건도 다 만들지 않고 광고부터 하게 된 상황이었다. 비유하자면, 서울시 도봉구 방학동에 있는 분식집 오픈 광고를 베이징 공항에서 하는 것과 다름없는 짓이었다. 심지어 그 분식집은 아직 제대로 개업도 안 한 상태에서. 개발자와 디자이너를 (그들의 표현대로 하자면) '갈아 넣어서' 간신히 베타버전으로 애플리케이션을 출시하기는 했지만, 겨우 그 정도 수준의 애플리케이션 홍보를 위해 굳이 생뚱맞게 뉴욕에서 광고를 했어야 했나 싶은, 결과적으로 실패한 프로젝트였다.

서비스 개발과 운영에 집중했어야 할 인력이 그 광고와 홍보를 위해 투입되었다. 막대한 홍보비도 지출했다. 사업의 프로젝트로써 평가한다면 득보다 실이 많았다.

'이걸 지금 왜 해야 되나?'

이후에 알게 된 사실이지만 당시 직원들은 하나같이 이런 의문을 품었다고 한다. 이런 참사가 벌어진 건 대표인 내가 공과 사의 구분을 명확히 안 한 탓이었다. 작은 기회가 생기자 어렸을 때부터 간직한 개인적인 꿈(뉴욕 맨해튼에서 내 회사의 광고를 하고 싶다는)을 억지로 끼워 맞췄다. 사업을 마치 취미로 조몰락거릴 수 있는 찰흙 정도로 생각하고 다뤘기에 벌어진 일이었다.

조직의 대표가 모든 일을 자기 하고 싶은 대로 해버린다. 동료들은 강한 의구심을 품고 있지만 입 밖에 꺼내지 않는다. 어차피 '답정너(답은 정해져 있으니 너는 대답만 해)'인 대표에게는 무슨 말을 해도 그 일이 개선되지 않을 테니까. 그 즈음 회사에는 그런 분위기가 감돌고 있었던 것이다. 광고 프로젝트의 실패 이전에 리더십의 실패였다.

"애플에서 쫓겨난 일은, 나에게 일어났던 일 중에 가장 멋진 일이었습니다."

애플의 창업자인 스티브 잡스가 2005년 스탠퍼드대학교 졸업식 연설에서 했던 유명한 말이다. 그는 애플의 초창기 성공 이후 독단과 독선으로 기업을 운영했다. 그 시기에 스티브 잡스는 자신의 의견에 반대하는 직원들에게는 폭언도 서슴지 않았다고 한다. 결국 이사회의 결정으로 그는 회사에서 쫓겨나야 했다.

긴 시간이 흐르고 생각과 태도를 고친 후에 잡스는 '기업이란 창업자의 장난감이 아니며 팀원들과 함께 이끌어가야 하는 모험'이라는 사실을 배웠다고 한다. 달라진 잡스는 애플로 돌아와 다시 하나로 뭉친 팀으로 맥, 맥북, 아이팟, 아이폰, 아이패드, 에어팟을 만들어 지금의 세계 1위 기업으로 만들었다.

분명히 그의 전기를 여러 번 읽고, 많은 영상으로 그 사례를 봤으면서 그를 통해 얻은 교훈을 금방 잊어버리고 똑같은 실수를 반복했다. 사업에도 리더십에도 실패한 것이다.

기업은 창업자 한 사람의 장난감이 아니다. 아니, 장난감이 될 수도 있다. 단, 그러려면 구성원 모두가 다 함께 즐길 수 있는 놀이터여야 한다.

가장 불편한 사람이
제일 필요한 사람이다

대립하는 것은 한 곳에 모이고,
불화하는 것들로부터 가장 아름다운
조화가 이루어진다.

- 아리스토텔레스 「니코마코스 윤리학」에서

이 글을 쓰면서 동시에 새로운 도전을 준비하고 있다. 세상은 그 어느 때보다 불확실성으로 넘치고 한 치 앞을 내다보기 어려운 시기라는 걸 알기에 더욱 신중할 수밖에 없다. 새로운 사업 아이템을 구상하고 시장에서의 가능성을 최대한 비판적으로 검토했다. 그 다음 고민은 '누구와 함께 할까?'다.

그녀(혹은 그)가 함께 해줄지는 일단 논외로 하고, 주변 사람들을 떠올려봤다. 그간 이런저런 사업을 하고 외향적으로 살아왔던 덕분인지 주위에 유능하고 좋은 사람들이 많았다.

A. 트렌드에 민감하고 그 흐름을 잘 좇는 친구

B. 실력 있는 유능한 개발자로 웹과 애플리케이션을 구현해 줄 수 있는 친구

C. 도전과 모험을 즐기며 자신의 의견과 신념을 잘 굽히지 않는 친구

D. 타고난 소질이나 재능은 없지만 심성이 맑고 따뜻한 친구

E. SNS의 파워 인플루언서로 홍보에 도가 튼 친구

F. 미적 감각이 뛰어나고 세련된 디자이너 친구

G. 풍부한 독서로 지혜가 쌓여 사물이나 사건의 본질을 꿰뚫어 볼 수 있는 친구

H. 생존력과 적응력이 뛰어나 사막에 혼자 남겨져도 기어코 살아남아 돌아올 것 같은 친구

I. 사교계의 핵심 인물로 넓은 인맥을 자랑하는 친구

J. 빼어난 용모와 청량한 목소리로 같이 있는 것만으로도
   주변 사람들의 기분과 분위기를 밝게 해주는 친구

K. 숫자에 능하고 세무·회계의 일을 빈틈없이 처리해 줄 친구

L. 어떤 일을 맡겨도 힘과 열정으로 밀어붙일 수 있는 돌격대장 친구

M. 늘 낙관적인 자세를 잃지 않고 세상을 아름답게 인식하는
   이상주의자 친구

N. 매사에 불평불만이 많고 시니컬하지만 비판의식이 강한 친구

O. 성실함에는 따라올 사람이 없는 일꾼 스타일 친구

P. 사업의 경험이 풍부하여 언제든 나의 빈자리를 대신할 수 있는 친구

당신이라면, 당신이 지금 어떠한 도전을 앞두고 있다면, 당신은 이 중에서 누구와 가장 함께 하고 싶은가? 그리고 그 이유는 무엇인가?

나부터 말해보겠다. 우선 나는 스스로가 'M' 유형에 가깝지 않나 싶다. 그리고 그런 나에게 가장 필요한 사람은 'N' 유형이다. 매사에 불평불만이 많고 시니컬하지만 비판의식이 강한 친구. 이런 특성을 가진 사람은 M유형과 같은 사람과는 서로 상극으로 보인다. 얼핏 생각하면 서로 상극인 사람들은 함께 일을 꾸미기에는 꽤 불편하고 어렵지 않을까 의문이 들 수 있다. 한쪽(M)은 순응하며 낙관적으로만 생각하고 다른 한쪽(N)은 반골 기질과 함께 부정적으로 비판만 하니, 얼핏 그렇게 보일 수 있다. 하지만 의외로 최고의 궁합이다.

N유형의 사람이라…, 역시 가장 먼저 떠오르는 것은 애스크컬쳐의 플랫폼 사업을 공동 창업했던 강민구 부대표다.

"민구야, 지금 이런 아이디어를 가지고 사업을 준비 중인데 같이 해볼래?" 7년 전, 오랜만에 만난 그에게 명동에 있는 한 호프집에서 말했다.

"음…, 좋아. 해보지 뭐." 그는 그 자리에서 흔쾌히 수락했다. 며칠 뒤, 그는 재직 중이던 회사에 사직서를 내고 팀에 합류했다. 공동창업자들과 처음 다 같이 모인 자리에서 그가 말했다.

"공동대표가 웬 말이야, 대표는 한 사람이어야지. 사공이 많으면 배가 산으로 가. 그러니까 형이 대표해. 우리가 부대표 할게." 다른 공동창업자들이 고개를 조금 갸웃했지만 결국 그의 의견을 따랐다. 우리는 그렇게 한 사람의 대표와 나머지 세 사람의 부대표 체제로 사업을 시작했다.

자신의 직장까지 그만두고 합류한 친구였다. 그와 나 사이에 서로를 필요로 한다는 조화로운 어울림의 감각이 그 시점에는 분명히 있었다.

그와 갈등이 생기기 시작한 것은 다른 공동창업자들이 이런저런 이유로 회사를 떠나고 서로 상극인 둘만 남은 직후였다.

"아니, 형. 지금 홍보가 웬 말이야? 지금 그걸 뭐 하러 해? 일단 애플리케이션에 집중하자니까? 애플리케이션 개발이 늦어지

면 그냥 수기로라도 기록하면 되잖아. 어쨌든 서비스는 시작해
보자."

각자의 스타일과 성향이 달라서 부딪치기 시작했다. 편집증에
가까울 정도로 완벽주의자였던 나는 완성되지 않은 미완의 제
품(서비스)을 세상에 내놓기 싫었다. 민구는 다른 건 둘째치고
무조건 본질에만 충실하면 된다는 의견이었다.

서로의 의견이 팽팽하게 대립하자 나는 '사업해 본 경험'과 '내
가 대표니까'를 앞세워 그의 의견을 (알량한) 권위로 묵살하기
시작했다. 이후로도 한동안은 의견이 첨예하게 대립했지만 결
국 어느 시점에선가 그가 자신의 의견을 말하지 않게 되었다.

"… 알겠어, 형…." 그가 지친 목소리로 답했다

그리고 그로부터 얼마 뒤, 그는 결국 회사를 떠났다.

우리는 지나치게 현대적으로 길들여져 버렸다. 어려서부터 간
절히 원하고 노력하면 '뭐든 할 수 있다'라고 배우고 자랐다.
그래서 의지와 노력(이때는 보통 '노오력'이라고 쓰는 것이 더 정확
하겠다)만 있으면 뭐든 할 수 있다고 생각한다.

단언하건대 현실은 엄연히 다르다. 본인의 의지와 노력만으로
정당한 대가를 받을 수 있는 것은 사실 몇 없다. 차라리 거의
없다고 생각하는 게 속편할 정도다. 개인의 힘과 노력만으로는
도저히 극복할 수 없는 사회구조적인 문제와 모순, 시대의 변

화, 운 같은 것들이 우리 세상에는 분명하게 존재하고 강하게 작동한다. 물론 부정적인 의미에서다.

그것이 좋든 싫든 이런 현실이기에 나에게 필요한 이는 민구처럼 나와 정반대의 입장에서 생각해줄 수 있는 사람이다.

의지와 노력만으로 도저히 일이 성사되지 않을 때 맞닥뜨린 벽을 허물어주는 건 자신과 정반대로 사고할 수 있는 사람뿐이다. 따라서 그 반대되는 의견을 거리낌 없이 말해줄 수 있는 일종의 '안티테제적인 기질'이 있는 사람이 필요하다.

정반대의 의견이 충돌하는 것은 서로를 밀쳐내는 것이 아니다. 그런 식으로 두 의견이 충돌과 합의를 반복하면서 상호보완적으로 완성되어 갈 때, 거대한 벽을 무너뜨릴 수 있게 된다. 때로 제일 불편한 사람이 가장 도움이 된다. 자신의 신념과 반대되는 다른 신념과 부딪칠 때, 그리고 그 사이에서 서로 합슴을 이뤄낼 때 비로소 우리는 완성된다.

그와 어떻게든 건강한 토론과 고민을 이어가야 했었다. 그는 안티테제로서 "그건 아니지, 그건 안 돼"라고 말해줄 수 있는 유일한 예외적인 존재였기 때문이다.

내가 보지 못하는 부분을 사려 깊게 볼 수 있는 전혀 다른 성향의 '타인'은, 나와 비슷한 사고를 하고 있는 사람 10명보다 더 귀한 존재다.

자신과 정반대의 기질, 안티테제적인 사람. 그런 사람을 그저 귀찮은 존재, 대화하기 불편한 사람으로 여기는 순간, 실패를 예방하거나 줄일 수 있는 방법 중 하나를 잃게 된다. 강력한 무기가 사라진다. 이런 고민 끝에 M유형인 나는 정 반대인 N유형에 해당하는 사람을 새로운 모험의 동료로 필요로 하고 있다.

회복탄력성이 없으면,
다음도 없다

"세상은 공평하지 않다는 것을
인정해야 한다. 인생은 시합이다.
출발선이 공평할 수는 없다."
-J.D. 샐린저 『호밀밭의 파수꾼』에서

"야, 이제 나도 한 목숨만 시켜줘."

"에이, 기다려봐. 아직 나 안 죽었잖아."

까마득한 옛날, 유년시절 거실 TV 앞에서 친구들과 옹기종기 모여 앉아 〈슈퍼마리오〉 게임을 하면서 나눈 대화들이 새록새록 하다. 그 시절의 게임은 함께 할 수 있는 것보다는 혼자 하는 게임이 많았다. 그래서 우리는 '한 목숨'씩 돌아가며 게임을 플레이하곤 했다.

1985년에 출시된 〈슈퍼마리오 브라더스〉는 게임에 관심이 없는 사람조차 '마리오'라는 이름은 알고 있을 정도로 유명하고 오래된 게임이다. 게임의 스토리는 간단하다. '버섯왕국의 피치 공주가 쿠파라는 악당에게 납치되어 마리오가 구하러 간다.' 이게 끝이다. 그런데 여기에는 비밀이 하나 숨어있다. 슈퍼마리오의 목숨 1개와 관련된 것이다.

게임 속 마리오는 동전 100개를 모으면 목숨이 하나 더 늘어난다. 이런 식의 '클리셰(판에 박힌 진부한 표현이나 장치, 방식)'는 이후 다른 모든 액션 어드벤처 게임에 적용됐다.

그런데 이게 목숨이 아니었다. 마리오를 고용할 수 있는 '고용 가능 횟수'였다. 마리오는 동화에 나오는 기사도 용사도 아니다. 평범한 배관공이다. 버섯왕국의 신하인 버섯돌이가 공주를 구해달라며 '돈'을 주고 고용해 온 사람이다.

절벽에서 떨어지거나 적에게 부딪쳐 체력이 떨어지면 마리오가 죽는건 줄 알았는데, 죽음이 아니라 '임무 실패'였다. 이런저런 이유로 임무를 실패한 마리오에게 동전 100개를 주고 그를 한 번 더 고용하는 시스템이다.

즉, 재도전의 기회였다. 물론 마지막 보스인 쿠파를 만날 때까지 모험을 진행하려면 초보자일수록 더욱 많은 '고용 횟수(재도전 기회)'를 필요로 한다. 저 연령층을 대상으로 하는 비디오 게임에 뭐 이렇게 삭막하고 냉혹한 자본주의의 현실이 녹아있나 싶은, 그런 사례다.

단편적인 사례지만, '재도전의 기회'는 실패를 최소화하는 데에 가장 중요하게 전제되어야 할 요소 중 하나다. '실패를 최소화 한다'는 말은 결국 둘 중 하나다. 성공하거나 또는 다음번에는 성공할 수 있도록 현재의 도전이 실패하기 전에 미리 재도전의 발판 즉, 한 목숨을 준비해 두거나.

무척 애석하지만 세상은 공평하지 않다. 적어도 출발선은 다른게 지금 우리 세상의 현실이다. 자신이 태어난 가정 환경과 성장기의 주변 환경에 따라서 성인이 된 직후부터는 서로의 출발선이 갑자기 달라진다. (더욱 안타까운 건, 요즘은 성인이 되기 전에도 이미 공정과 평등이 왜곡되고 있다).

사업을 하든 취업을 하든 프리랜서의 길을 걷든, 혹은 지금은 존재하지 않는 새로운 직업을 만들어나가든, 우리는 모두 각자의 도전과 모험을 하며 삶을 살아가고 있다. 그러나 원하는 성공을 이루기란 쉽지 않다. 그래서 끊임없이 실패하고 다시 재도전한다.

실패와 재도전.

여기서 또 한 번 불평등이 발생한다. 경제적으로 유복한 가정환경에 있는 이들에게 '재도전하기'란 비교적 쉬운 일이다. 든든한 백그라운드가 있으니까. 그들에게 실패란 그저 한 여름날의 소나기와 같다. 잠깐 시원하게 내렸다가 금세 하늘은 다시 맑아진다.

문제는 사회적인 특권을 가지고 있지 않은 보통 사람들이다. 즉 서민들이다. 한 번 실패를 할 때마다 그에 따른 막대한 경제적·시간적 비용이 발생하는데, 이는 조금도 감쇄되지 않고 고스란히 자기 몫이 되어 삶을 짓누른다. 실패가 여름 소나기가 아닌, 수년간 이어지는 대기근으로 휘몰아친다. 그 시간동안 살아남기도 버겁지만 간신히 견뎌낸다 해도 복구까지 오랜 시간이 걸린다.

억울하고 분하지만 어쩔 수 없다. 사회의 시스템과 구조가 그러하기 때문에 개인이 억울해한다고 달라질 건 없다. 어차피 모든 게 공평하고 모두가 잘 사는 유토피아 같은 세상은 존재할 수 없으니까. 그럼 이제, 분통 터지지만 뻔한 이야기를 하도록 하겠다.

새로운 도전과 모험을 하면서 동시에 실패를 대비해 '동전 100개'를 따로 모으고 있기란 쉽지 않다. 정말 어렵다. 10년 넘게 해오고 있어서 정말 잘 안다.

특히나 젊을수록 하고 싶은 것도 많고, 가지고 싶은 것도 많고, 가보고 싶은 곳도 많고, 먹고 싶은 것도 많다는 것을 누구보다 욕심 많은 내가 잘 안다. 하지만 세상이 이러한데 어쩔 수 없지 않은가? 미래를 위해 꾹 참아야 한다.

나 역시 소위 말하는 금수저가 아니다. 대학교 학비와 생활비는 입학부터 졸업까지 전액 한국장학재단의 학자금대출을 받았다. 사회생활을 시작하기도 전부터 있던 이 빚은 졸업 후에 늘 엄청난 부담이었다. 세계여행을 할 때도, 책을 쓸 때도, 이후 사업을 할 때도, 늘 스스로의 힘으로 자립해야만 했다.

하지만 이런 환경 덕분에 일찌감치 습관이 하나 생겼다. 주로 쓰는 통장 외에 생뚱맞은 은행의 통장을 하나 만들어 여유가 될 때마다 수시로 입금하곤 한 것이다. 얼마나 들어있는지 확인도 안한다. 스스로 만든 보험에 여유가 될 때마다 보험료를 내고 있다고 생각했다.

"돈을 왜 안 굴리고, 묵혀둬?"

주식 투자나 가상화폐 투자 같은 재테크에 도가 튼 누군가의 입장에서는 답답하고 미련하다고 할지 모르겠다. 그러나 이렇게 '쟁여두는 습관'은 '프로실패러'라고 자칭하는 나에게 실패를 여러 번, 즉 재도전을 몇 번이고 다시 할 수 있는 그 '회복탄력성'의 원천이 되었다.

그 덕택에 우리유통이라는 첫 사업을 접게 되었을 때도, 이런저런 이유들로 애스크컬쳐라는 사업이 실패하게 되었을 때도, 다시 한 번 새로운 사업에 도전할 수 있었다.

가장 최근 사업인 루프탑 카페하루도 마찬가지다. 지난 5년 중에 처음 3년은 정말 잘됐지만, 이후 2년은 팬데믹이라는 정말이지 상상도 못한 난관으로 제대로 영업조차 못했다. 아예 정상적인 영업을 국가와 자치단체에서 막고 있는 이런 상태에서 만으로 2년 넘게 버틸 수 있었던 것도 바로 이 '쟁여두는 습관', 미리 준비한 한 목숨 덕분이었다.

쉽지 않은 습관이다. 하고 있는 일이 잘 안될 때는 정말이지 단돈 천 원의 여유조차 없어서 허덕일 수 있다. 반대로 일이 잘 풀릴 때는 앞으로도 마냥 잘 될 것만 같은 막연한 기대와 무분별한 낙관이 사고를 지배해버린다. 떠올리는 것조차 스트레스인 미래의 위기상황에 대해 본능적으로 외면하는 것은 누구에게나 당연한 생리적 거부감이다.

그렇지만 그런 본능과는 별개로 뭐가 어떻게 되었든 최소한 한 번의 재도전 기회. 즉, '동전 100개' 만큼은 반드시 모아둬야 한다. 언제 최악의 상황이 일어날지 아무도 알 수 없는 일이니까.

도저히 일어날 일 없을 것 같은 위기를 미리 대비한 도시가 있다. 이 도시는 거대한 협곡이 있는 곳 근처 사막 위에 세워졌다. 도시의 중심부는 주변보다 낮게 파여 있는 분지형이다. 지역의 연평균 강수량은 110㎜도 안되고 (한국의 연평균 강수량은 1,300㎜), 1년 365일 중에 310일 이상이 맑은 날이다. 늘 공기가 건조하고 주변이 메마른 말 그대로 사막의 도시다.

십여 년 전에 나는 이 도시를 여행하다가 도시에서 얼마 떨어지지 않은 곳에 바닥이 잔뜩 메말라 지면이 쩍쩍 갈라져 있는 거대한 댐이 있는 것을 봤다. 이름조차 기억 안 나는 (지역주민들조차 이름을 모르는) 댐이었다. 거대한 인공조형물인 둑이 없었다면 협곡의 한 부분이라고 생각했을 것이다.

"사막 한 가운데에 웬 메마른 댐?"

사막과 댐이라니, 미납청구서가 잔뜩 쌓여있는 부잣집의 우편함만큼 보기 힘든 풍경이었다. 당시에 분명히 그렇게 생각했다. 그로부터 한참 뒤인 2014년과 2015년. 기후변화의 영향인지 그 도시에 시간당 수십 밀리의 폭우가 쏟아지는 이례적인 천재지변이 닥쳤다. 도심 곳곳이 잠시 물에 잠겼다. 하지만 차량이나 재산 피해는 있을지언정 수해로 인한 사망자는 없었다. 사막 한 가운데에서 백년에 한 번 있을까 말까 한 천재지변을 미리 대비했다가 정말 위기가 닥치자 이를 별 피해 없이 넘긴 이 도시의 이름은 라스베이거스Las Vegas다.

당신의 주머니에는 '동전 100개'가 있는지, 당신의 주변에는 '사막 한 가운데에 만들어둔 댐'이 있는지 궁금하다. 안타깝지만 우리의 미래를 지키고 보장하는 건 결국 우리 자신 밖에 없다. 재도전의 기회조차 우리가 직접 만들어야 한다. 불만족스러운 세상을 바꾸는 건 그 다음의 일이다.

진짜 자기계발은
셀프 헬프self-help다

"하늘은
스스로 돕는 자를 돕는다."
-새뮤얼 스마일즈 『자조self-help』 서문에서

다시 비행기를 타고 싶었다. 다시 전 세계를 자유롭게 오가며 능력 있는 사람들, 대단한 이들을 만나 거창한 사업 계획을 세우고 그 목표를 향해 밤새워 일하고 싶었다. 더는 이렇게 한 곳에 갇혀 청소나 하면서 나보다 한참 어린 사람들에게 "네, 선생님"하면서 굽신거리고 싶지 않았다. 적어도 20대에 꿈꾸고 그렸던 내 30대의 모습은 절대로 이런 게 아니었다.

짐짓 담담한 어조로 "팬데믹을 만나 루프탑 카페하루를 제대로 영업할 수 없는 상황에 놓였지만 그래도 그간 모아둔 돈으로 2년째 잘 버텼다"라고 서술했다. 하지만 어떻게 정말로 아무렇지 않을 수가 있겠는가?
사실은 화병이 나기 직전이었다. 전 세계적인 재앙이라 어쩔 수 없는 거 아니냐고들 하는데, 적어도 내 주변 친구 중에 팬데믹 때문에 월급이 삭감되었다는 사례는 없어보였다. 오히려 "팬데믹이 종식되면 재택근무도 종료될 텐데 아쉬울 것 같네"라고 지금 누구 놀리나 싶은 말을 하는 친구들도 있었다.
뭐랄까…, 팬데믹 기간 동안 나만 피해를 감수하며 희생하길 강요당한 것 같은 그런 착잡하고 억울한 심정도 들었다. 통장에 열심히 모아둔 '동전 100개'가 2년간 속수무책으로 훅훅 줄어드는 모습을 지켜보는 건 그만큼 분통터질 노릇이었다. 차라리 주식 투자나 가상화폐 투자를 통해 잃었다면 스스로 한 선택의 결과이니 담담히 받아들일 수 있을텐데, 백번 양보한다해도 팬데믹은 내 잘못이 아니지 않은가?

하루하루 깊은 한숨만 늘던 차에 10년 전, 첫 책『어쩌면 가능한 만남들』을 출간해준 인연이 있는 P대표와 안부 인사차 통화를 했다. 지난해 연말이었다.

"어-머, 반가워요. 어떻게 지냈어요? SNS 보면 무척 잘 지내는 것 같은데." 그녀가 말했다.

"잘 지내기는요. 휴-우…." 나는 한숨을 쉬며 뒤이어 그녀에게 지난 10년간의 내 실패 이력에 대해 털어놨다. 하소연했다고 하는 게 더 정확한 표현일지도 모르겠다. 이야기를 묵묵히 다 듣고 난 이후에 그녀가 말했다. (사실 중간에 그녀가 몇 번인가 쿡쿡하고 웃음을 참는 소리가 들려왔다).

"그 이야기를 책으로 써보는 건 어때요?"

"네? 책이요?" 내가 되물었다.

"응, 책. 정말이지 수십 명치의 불운이 있었나 봐요. 어떻게 하는 일마다 그렇게까지 잘 안될 수가 있지?" 그녀는 이 대목부터 대놓고 웃으며 말했다.

"그렇지만 어쩌죠? 듣는 사람은 그 실패담이 너무 웃기고 재미있어요. 조금 더 자세히 들어보고 싶은 마음도 생기고. 그런 경험을 통해서 어떤 교훈을 얻게 되었는지 정리만 잘 할 수 있다면 우리 사회에 매우 의미 있는 특별한 글이 될 거에요."

그간의 실패로부터 얻은 교훈이라…. 결국엔 나도 그게 알고 싶어서, 그것을 다시 정리해보기 위해 이 글을 쓰기 시작했다. 그리고 '자기계발서적'처럼 쓰기 위해 관련 책과 논문을 공부하기 시작했다.

서점에 즐비한 기존의 자기계발서들을 수십 권 정독했고, 모교의 학술정보원(도서관)에서 관련 논문도 여럿 찾아봤다. 그게 이 글을 '자기계발'로써 읽어줄 독자에 대한 최소한의 예의라고 생각했다. 실패에 대한 글을 더 잘 쓰기 위해 실패와 성공에 관한 수십 권의 책과 논문을 찾아 읽고 공부하는 과정.

출판사 대표이자 인생의 선배인 그녀가 의도한 건지는 모르겠지만 이 과정을 통해 나는 치유받고 있었다.

다른 이들의 실패 사례를 읽으면서 "어-휴, 이 사람은 이걸 어떻게 극복할 수 있었지?"하는 생각과 함께 그들이 극복해가는 과정을 읽으며 (그게 순도 100%의 실화이든, 조금 양념이 가미된 각색이든) 위안과 안도가 되기 시작했다.

새뮤얼 스마일즈의 『자조self-help』는 그 과정에서 알게 된 수많은 자기계발서 중에서 가장 공감하며 읽은 책이다. 미리 말해두자면 이 책 출간된 해가 무려 1859년이다.

자기계발서의 시초가 이렇게 오래됐다니, 문학만 고전이 있는 줄 알았는데 자기계발서도 엄연히 고전이라는 게 존재하는 '근본 있는' 부류였던 셈이다.

인류 최초의 자기계발서 『자조』는 총 13장으로 구성되어 있다. "하늘은 스스로 돕는 자를 돕는다"는 그 유명한 문장으로 시작하는 1장 〈자조정신〉부터 〈산업을 주도하는 힘〉, 〈위대한 도공들〉, 〈몰입과 인내〉, 〈도움과 기회〉, 〈예술가들〉, 〈산업과 귀족 계급〉, 〈활동력과 용기〉, 〈비즈니스〉, 〈돈과 인생〉, 〈자기 수양〉, 〈인생의 모범〉을 거쳐 마지막 장인 13장에서는 〈인격〉으로 마무리되고 있다.

한마디로 거의 모든 분야에 걸친 자기계발이 이 책 한 권에 다 담겨있는 것이다. 극히 몇 부분을 제외하면 21세기 시민의 삶에도 적용 가능한 내용이다.

이런 책들을 찾아서 읽어보고, 동시에 내 생각들을 정리하고, 담담하게 실패의 경험을 써 내려가는 과정에서 그동안 잔뜩 눌리고 위축된 마음이 (울분이라고 해도 좋은 그 마음이) 차분히 가라앉는 것을 경험했다.

그렇게 마음이 안정되고 평화로워지는 과정을 통해 내적인 변화도 생겼다. 이렇게 계속 속수무책으로 손 놓고 있기보다는 이제 다시 무언가를 시작하자고, 새로운 모험을 향한 의지가 점점 고양되고 있었다.

돌아보니, 이 글을 쓰기 위한 일련의 과정이 '스스로 돕는 행위 self-help' 그 자체였던 것이다. 동시에 '자기치유 self-healing' 이기도 했다.

'실패한 것'과 '실패자가 되는 것'은 엄연히 다르다는 사실을 깨달았다. 실패를 두려워해서 선뜻 도전과 모험을 못하고 있거나 이미 실패한 경험으로 힘들어하는 사람에게 격려와 위안이 되고 싶었다. 그런 글을 쓰는 과정에서 도리어 내가 위로받고 있었던 것이다. 니체가 말한 '바꿀 수 없는 것에 힘을 쓰지 않고, 바꿀 수 있는 것에 모든 힘을 쏟는 것'과 일맥상통하기도 했다. 타인을 위해 선의로 시작한 글쓰기 과정이 내 의식부터 긍정적으로 바꿔놓기 시작했다.

정리하자면, 실패를 최소화하는 좋은 방법 중의 하나는 단연코 '자기계발'이다. 성공을 위해서는 자신을 발전시켜나가고 스스로 돕는 것(self-help)만이 유일한 해결책이다.

거기에는 요행도, 편법도, 지름길도 없다. 대신 어떤 종류의 자기계발이 되었든 상관없다. 그것이 독서든, 새로운 학문에 대한 도전이든, 새로운 기술에 대한 배움이든, 운동을 통해 신체와 정신을 건강하게 만드는 일이든, 아니면 전혀 다른 새로운 분야의 시도든.

살아남기 어렵고 힘든 세상이다. 난이도 높은 스테이지에서 승자가 되기 위해서는 결국 주인공인 자신의 레벨을 스스로 높이는 수밖에 답이 없다.

언제나 가슴 뛰게 하는 것은
결과가 아닌 과정이다

사막이 아름다운 건
그 안에 우리가 아직 찾지 못한
우물이 감추어져 있기 때문이고,
생이 아름다운 건 우리가 아직 알지
못하는 내일이 있기 때문이다.

- 생텍쥐페리 「어린왕자」에서

"그래서, 너는 지금 행복해?"

팬데믹이 절정이던 시기였다. 그 피해를 직접적으로 입은 나를 찾아와 위로해주며 소주를 한 잔 따라주던 친구가 물었다.

"응, 그럼. 행복해. 정말이야."

조금도 망설이지 않고 대답했다. 진심이었다. 아직 사업을 메인 뉴스에 소개될 만큼 크게 성공시켜 본 적도 없고, 결혼을 해서 가정을 갖는 행복을 누려보지도 못했고, 불혹을 앞둔 30대 중후반의 나이에도 여전히 작은 바람에 조차 쉽게 흔들리고 늘 불안하지만. 나는 지금 행복하다고 답했다. 그리고 덧붙여 말했다.

"이제 겨우 반쯤 남짓 살았으니까."

그랬다. 아직 삶의 중간도 지나지 않았다. 남보다 실패가 많았다고 해서 불행하다고 단정지을 수는 없는 것이다. 나도, 이 글을 읽고 있는 당신도. 우리 모두 아직 삶은 끝난 게 아니다. 게다가 그렇게도 고대하는 성공은 사실 생각보다 달지 않다.

가만히 곱씹어보면 삶의 분기마다 그 목표를 달성했을 때 느꼈던 성취감, 만족감은 늘 기대했던 것보다 크지 않다.

"에게, 겨우 이걸 위해 그렇게 노력했던 건가?"

작지만 목표를 성취했을 때의 감상은 때로 허무할 정도였다.

사실 다소 실망스럽기까지 했다. 오히려 목표를 향해 끊임없이 실패하고 노력하고 다시 실패하고 노력하길 반복하던 때가 더 행복했다는 것을 매번 깨닫는다. 진짜다.

예를 들어, 나는 아주 어렸을 때부터 책을 좋아했다. 그래서 언젠가 내 이름으로 된 책이 세상에 나오기를 간절한 마음으로 상상했다. 그럴 때면 설렘과 가슴벅찬 떨림을 느끼곤 했다.
초등학교 때, 다른 친구들이 '대통령, 외교관, 과학자'라고 장래희망을 적어서 제출할 때 나는 늘 장래희망을 '작가'라고 적어서 냈다. 작가가 되고 싶었다. 책을 쓰고 싶었다.
시골의 어느 낡고 허름한 서점 한 구석, 책장에 꽂혀 있는 내 책을 발견하면 도대체 어떤 느낌일까? 내가 알지 못하는 누군가가 내가 쓴 글을 읽고 있는 모습을 보게 된다면, 어떤 감정이 들까? 아주 어릴 때부터 그런 것들을 상상하곤 했다.
그리고 12년 전. 나는 여전히 그러한 것들을 궁금해 하고 상상하고 있었다. 그 꿈을 이루기 위해서 강원도 원주의 한 호수 앞에 있는 작은 원룸에서 2년 동안 글을 쓰고 또 썼다. 그 당시에 출간을 기대하며 찾아간 출판사가 216곳이었다. 모두 거절당했지만 결국 217번째의 출판사에서 책을 내줬다. 그런 인고의 시간 끝에 책이 출간이 되었고, 감사하게도 적지 않은 독자들에게 읽힌 책이 되었다.

교보문고 광화문 본점. 네 살 크리스마스 때 막내이모의 손을 잡고 처음으로 갔던 그 서점에서 '저자 사인회'라는 것도 했다. 강원도의 작은 원룸에서 혼자 상상하고 기대했던 것보다 책은 더 많은 사랑을 받았다.

유년시절부터 내내 간직한 꿈을 이뤘다.

그런데 가슴 벅차하며 상상했던 그런 일들이 간신히 현실이 된 것 치고는 뜻밖에도 별 감흥이 없었다. 물론 신기했고 좋았다. 머릿속으로 그리는 것과 실제로 경험하는 건 다르니까. 하지만 그게 전부였다. 어쩐지 깊은 허무함마저도 느껴졌다.

차라리 책이 나오길 간절히 고대했지만 매번 출간 제안을 거절당했던, 그래서 잠시 낙담했다가 마음을 추스르고 다시 책상 앞에 앉아 끝없이 글을 고치던 2년의 그 시간들이 훨씬 더 행복했다.

뚜렷한 목표와 꿈이 있었다. 그래서 가슴이 뛰었다. 어렸을 때부터 일관되게 바랐던 책을 내고 싶다는 작고 소중한 꿈. 그 한없이 간절했던 소망은 이미 그 자체로 아름답고 소중했던 것이다. 세계일주도, 글로벌 사업가가 되고 싶다는 꿈도, 내 회사의 광고를 뉴욕 타임스스퀘어에서 하고 싶다는 꿈도. 그게 실현되었을 때보다 그러한 모습을 상상했을 때가 더 행복했다.

취업의 실패, 연애의 실패, 창작의 실패, 사업의 실패, 배움의 실패. 온갖 도전과 모험에 모두 실패해 보고도 이 삶이 행복하다고 말할 수 있는 것은, 어쩌면 아직 성공을 못(안)했기 때문일 수도 있다.

『참을 수 없는 존재의 가벼움』에서 밀란 쿤데라는 말한다.

"우리는 모두 두 눈에 붕대를 감고 현재를 통과한다. 시간이 흘러, 붕대가 벗겨지고 과거를 자세히 들여다보게 될 때가 되어서야 우리는 비로소 살아온 날들을 이해하고 그 의미를 깨닫는다"라고.

실패를 경험해 본 사람은 앞으로 닥쳐올 위기에서 직감적으로 위험 신호를 발견하고 마음의 무장을 단단히 할 수 있다. 그러한 본능은 직접적인 실패의 경험들로 얻게되는 전리품이다. 실패를 통해 자신도 모르게 단련된 내공, 즉 자신만의 감각이다.

실패가 잦았다. 그래서 지금은 언뜻 주변보다 뒤쳐진 것만 같지만 현재라는 것도, 지금이라는 이 순간도 결국 삶의 중간 과정일 뿐이라는 생각이 들었다. 인생을 길게 늘어뜨려 본다면 긴 인생에서 남보다 미리 레벨업을 해둔 셈이다. 그러니 조급해 할 필요도 패배의식에 젖어있을 필요도 없었다.

잠깐의 실수에 대해 크게 낙담할 필요도 없다.

어느 제약회사 연구소의 연구원들은 협심증을 치료할 화학물에 대해 오랜 시간과 천문학적인 비용을 들여 연구를 했지만 결국 치료약 개발에 실패했다. 그런데 그 실패의 결과물로 만들어진 약이 있었으니, 그게 바로 '비아그라'였다. 이 회사는 비아그라의 압도적인 판매에 힘입어 세계 굴지의 제약회사가 되었다. 지금은 코로나 백신으로 더 많이 알려진 '화이자Pfizer'의 이야기다. 소위 말하는 '눈부신 실수'의 대표적인 사례다. 언뜻 빙 둘러 가는 것만 같고, 실패와 실수만 반복하는 것 같지만 그게 가장 지름길일 때가 있다. 백 년도 간신히 채울까 말까 한 인생에 천 년의 고민을 하고 지레 겁먹을 필요가 없는 이유다.

'경제적 자유'를 이룬 삶, 즉 돈으로부터 자유로운 삶은 언뜻 그 자체로 행복의 필요충분조건이 만족된 것 같지만, 실제로는 그렇지 않은 경우가 많다. 어느 날 갑자기 복권에 당첨되어 졸부가 된 사람들, 어린 나이에 큰 성공을 거둔 배우나 가수들의 삶이 얼마 안 가 파멸로 귀결되는 예는 주변에 수도 없이 많다. 오죽하면 영화 〈나홀로 집에〉로 유년 시절에 갑부가 된 배우 맥컬리 컬킨은 "어린 나이의 큰 성공은 오히려 저주였다"라고 까지 말하겠는가.

나 역시 돌이켜 보니, 생각보다 성공은 그리 달콤하지 않았다. 못 믿겠다면 주변에 '저 정도면 성공한 사람'이라고 생각되는 사람에게 한 번 물어보라. 성공한 이후가 행복한지 성공을 향해 달려가던 때가 더 행복했는지.

지금의 도전과 모험, 실패와 성공의 과정 자체를 즐길 때, 그렇게 실패를 조금씩 자신의 것으로 만들어 나가는 감각을 키우고 성장을 통해 인생을 완성시켜 나갈 때, 우리는 '진짜 삶을 살아가고 있다'는 삶의 다이내믹함을 체감할 수 있다.

그깟 실패 따위에 휘둘리지 않고 오히려 자유자재로 다룰 수 있게 될 때, 실패로부터 자유로워지는 것이다. 그때가 되면, 이 꼴도 보기 싫었던 실패가 사실은 인생의 가장 든든한 파트너였다는 것을 알게 될지도.

성공과 실패는
한 끗 차이다

세상에 공짜 없다.
정답 없다.
비밀 없다.
-배우 윤여정, tvN 〈뜻밖의 여정〉에서

1419년 전후의 일이다.

세종대왕이 왕위를 물려받아 즉위한지 얼마 안 된 때였다. 학문뿐만 아니라 예술에도 조예가 깊었던 세종대왕이 어느 날 온 나라의 화가들에게 과제를 냈다.

"자식을 사랑하는 부모의 마음을 초상화로 가장 잘 그려낸 이에게 큰 상과 벼슬을 내리겠노라."

그 소식을 들은 조선의 난다 긴다 하는 화가들이 구름같이 궁궐에 모여들었다. 저마다 심혈을 기울여 초상화를 그려 제출했다. 그중 한 화가가 그린 그림이 궁궐에 있던 벼슬아치들의 극찬과 함께 만장일치로 뽑혔다. 할아버지로 보이는 노인이 갓난아기 같은 어린 손주를 무릎 위에 앉히고 작은 숟가락으로 밥을 한술 떠먹여주는 그림이었다. 당장에라도 그림 속 인물들이 살아서 움직이지 않을까 싶을 정도로 그림은 생동감이 넘쳤다. 그 초상화를 본 모든 사람들은 감탄했고, 세종대왕에게까지 전달되었다. 그러나 벼슬아치들의 예상과는 달리 세종대왕은 그 그림을 보며 못내 아쉬운 듯이 말했다.

"잘 그린 그림은 맞지만, 마지막 한 곳이 부족하구나."

그 말을 듣고 의아해하던 정승이 물었다.

"소신들이 보기에는 이보다 더 잘 그릴 수 없을 것 같은데, 어인 일로 그리 말씀하십니까?"

세종대왕이 혀를 끌끌 차며 정승에게 말했다.

"그림이 뛰어난 것은 나도 동감하는 바다. 하지만 그림을 가만히 잘 들여다 보거라. 그림 속의 할아비는 입을 꾹 다물고 있지 않느냐? 본디 할아비라 함은 손주를 아끼고 사랑하는 마음이 가득해 밥을 떠먹여줄 때는 손주가 한 입이라도 더 먹어줬으면 하는 마음으로 자신도 모르게 아아 하고 입을 벌리고 있는 게 자연스러운 법이다. 그런데 이 그림에서는 할아비가 입을 굳게 다물고 있으니, 이 어찌 한 끗 부족한 그림이 아니겠는가?"

그 그림을 그린 화가는 세종대왕의 말을 듣고 자신의 부족함을 한탄했다. 그 후로 다시는 초상화를 그리지 않았다고 한다. 대신, 자신만의 한 끗을 끊임없이 갈고 닦았다. 그리고 초상화가 아닌 산수화 분야의 대가가 되었다. 그는 〈몽유도원도〉로 유명한 조선 산수화의 대가이자 조선시대 최고의 화가인 '안견'이다.

생뚱맞게 왠 조선시대의 야사를 들먹이냐고 생각할지 모르겠다. 무한경쟁에서 살아남기 위한 유일한 방법이 바로 이 '한 끗' 차이에 있다. 영화 〈타짜〉에서 조승우가 속임수와 심리전을 쓰며 화투를 칠 때 말한 그 한 끗이 아니다. 디테일, 혹은 깊이의 영역에서 말하는 '한 끗'이다. 쉽게 풀이해서 '장인의 마지막 한 땀'이라고 생각해도 된다.

이미 세상에는 우리가 상상할 수 있는 거의 모든 종류의 제품과 서비스가 존재한다. 극히 드물게 새로운 것이 출시되기는 하지만 일상생활에서 접할 수 있는 것들의 99.9%는 이미 기존에 있던 것들이다. 성공과 실패를 가늠하는 것은 자신만의 경쟁력. 바로 이 한 끗을 어떻게 발현하는가에서 나온다.

이 차이가 승패를 좌우하는 예는 우리 주변에 수도 없이 많다. 우리 동네에는 같은 브랜드의 치킨집이 두 곳 있었다. 비슷한 시기에 개업했던 두 치킨집 중 한 곳은 1년 만에 폐업을 하고 가게를 내놓았다. 다른 한 곳은 홀이든 배달이든 늘 사람이 북적인다. 같은 프랜차이즈니 치킨 본연의 맛에는 별 차이가 없다. 그런데 왜 전혀 다른 결과가 난 걸까?

살아남은 B매장에서 배달로 주문할 때 함께 보내주는 콜라는 항상 살얼음이 끼기 직전의 온도, 즉 매우 시원하고 청량한 상태였다. 치킨무도 늘 신선했다. 반면에 폐업을 한 A매장에서 보내온 콜라와 치킨무는 늘 미지근했다.

두 매장은 홀에서도 차이를 보였다. A매장에는 홀 내외부에 해충퇴치기가 설치되어 있어 테라스 좌석에서도 쾌적한 치맥 파티가 가능했지만, B매장에서는 이런 것들이 전혀 없어 한여름에 테라스 좌석에 앉았다가 모기에 잔뜩 물렸던 기억이 있다.

또 다른 사례다. 1년 전의 일이다. 엄마와 둘이서 자주 배달시키던 중국집에서 그간 열심히 모은 쿠폰 50장으로 서비스 탕수육을 주문했다. 한창 식사 시간일 때도 칼같이 빨리 배달해주던 곳인데 그날따라 1시간 30여 분 만에 배달이 왔다. 배달 온 그 서비스 탕수육을 한 입 먹고는 엄마와 나 둘 다 누가 먼저라고 할 것 없이 식사를 멈춰버렸다. 팔다 남은 걸 모아서 보낸 것처럼 눅눅했고 냄새가 나서 도저히 먹지 못할 지경이었다. 그 뒤로 두 번 다시 그 매장을 이용하지 않았다. 아니나 다를까 얼마 안가 결국 폐업했다는 소식이 들려왔다.

B치킨집의 점주나 서비스 탕수육을 형편없이 보낸 중국집의 사장은 '어차피 공짜 서비스로 주는 건데'라고 생각했을 수 있다. 세상에서 가장 어렵고 무서운 것이 공짜고, 서비스라는 것을 모르는 마인드다. 배우 윤여정 씨의 말대로 세상에 공짜는 없다. 돈을 받지 않는 서비스에는 그만한 사연과 동기가 있고 대부분의 경우 이럴 때 더욱 신경 써야 함을 잊은 것이다. 결국, '한 끗의 차이'를 간과하다가 실패를 맞이한 전형적인 사례다.

내 이야기로 돌아가 보겠다. 도전과 실패를 반복하는 와중에 잠시나마 성공했던 시간들을 곱씹어 보면 그 밑바탕에는 분명 의도치 않게 늘 나만의 한 끗이 있었다.

첫 책이 출간된 10년 전, 기존의 일기형식으로 된 여행기들은 당시에도 이미 수없이 많았다. 포화상태에 가까웠다. 그런 책들은 더 이상 독자들에게 신선함을 주지도 않았고(인터넷에 더 생생한 여행담들이 즐비했으니까) 사회적 의미도 없었다.

당시 한 출판사 편집자의 조언에 따라 다른 모든 것들을 거두절미하고 지구촌 다양한 사람들과의 오로지 '만남'에만 초점을 맞췄다(그 만남에는 반드시 좋은 사람들만 있진 않았다. 종업원에게 폭력과 욕설을 일삼는 악덕 사장도 있었고, 여행자를 타깃으로 하는 현지 사기꾼도 있었고, 살인죄로 교도소에 무기징역으로 복역 중인 어느 죄수도 있었다).

다른 여행서와는 다른 그 한 끗, 오롯이 '만남'과 '사람'에만 초점을 맞춘 차별화 덕분에 독자들의 선택을 받을 수 있었다.

사업도 마찬가지였다. 우리유통을 운영할 때였다. 물건을 구매해줄 관공서나 대기업의 담당자들 입장에서 우리유통이라는 회사와 사장인 나라는 사람은 수많은 잡상인(?) 중의 한 명에 불과했다. 하지만 어린 나이에 무일푼으로 세계여행을 하고 와서 그 이야기를 책으로 출간했다는 독특한 이력을 가지고 있었기에 그들의 호기심과 관심을 끌 수 있었다. 서로 다른 경험과 이력이 나만의 한 끗이 된 특수한 사례다.

애스크컬쳐도 내외부적인 여러 요인으로 비록 실패했지만, 사업 모델의 아이디어만큼은 누구나 인정했다. 기존에 이미 현지에서의 문화체험을 할 수 있는 플랫폼은 많았다. 관광에 적극적인 국가나 지역에서는 정부지자체에서 그런 프로그램을 직접 운영하는 경우도 많았다. 애스크컬쳐는 여기서 한 끗 더 나아가 '양방향 문화체험 플랫폼'을 지향했다. 어떤 지역을 방문하는 방문자들이 현지주민에게 '먼저' 요청할 수 있는 기능이 사업모델의 핵심이었다.

그 한 끗이 있었기에 수많은 스타트업들 중에서 가장 촉망받는 기업 중 하나일 수 있었고, 수백수천 대 일의 경쟁률을 뚫고 문화체육관광부의 융합한류 사업 파트너에 선정되었다. 사업 아이디어가 특별하지 않았다면, 그 까다로운 사우디아라비아의 제2왕세자가 모든 경비를 지원하며 우리를 리야드로 초청하지도 않았을 것이다.

팬데믹이 지나가고 루프탑 카페하루에 다시 촬영 팀들이 찾아오기 시작한 최근의 일이다. 촬영 차 찾아온 웹 드라마의 담당 PD에게 물었다. 그녀는 팬데믹 이전에 단골로 찾아왔던 프로덕션의 메인 PD였다.

"PD님, 개인적으로 여쭙고 싶은 게 있는데요."

"네, 사장님. 어떤 게 궁금하세요?"

"다름 아니라…. 다른 촬영 장소들도 많잖아요. 저희보다 더 큰 곳도 있을 테고, 더 예쁘게 꾸민 곳도 있을 텐데. 왜 저희한테 이렇게 자주 찾아와주시는지 궁금해서요."

"아-하, 그게 궁금하셨구나. 왜라고 생각하세요?"

오히려 PD가 내게 웃으며 물었다.

"음…, 공간이 널찍한 편이고 근처에 대형 주차장도 있고 주택가라 조용하기도 하고, 또 교통이 편해서 아닐까요?" 내가 답했다.

"그것도 맞는 말씀이에요. 다 장점이죠. 그런데 그런 곳들은 사실 서울에 많이 있어요. 바로 근처인 합정동, 연희동이나 성수동 쪽에도 많고, 강남 쪽에도 많고요."

"그럼 왜?"

"여기 루프탑 카페하루는 사장님이 직접 공사하셨다고 하셨죠?"

"네. 그랬었죠."

"그래서 그런 걸까요? 공간 어디에도 '카메라에 걸리는 곳'이 단 한 군데도 없어요. 촬영하는 사람 입장에서는 정말 깔끔해요." PD가 고개를 돌려가며 공간을 한 바퀴 둘러보더니 말을 이었다.

"공사하시면서 천정에 설치된 스피커나 컴퓨터 케이블, 조명, 전선 같은 걸 미리 다 계산해서 가벽 안에 넣어두신 거잖아요? 이런 공간을 운영하시는 다른 사장님들은 그런 건 별거 아니라고 생각하고 잘 신경을 안 쓰시던데, 촬영 팀 입장에서는 카메라에 걸리는 게 없다는 게 얼마나 큰 장점인지 몰라요."

결국 루프탑 카페하루의 (팬데믹 이전) 성공도 한 끗 덕분이었다. 미리 의도하고 준비한 건 아니었지만 공사하기 전에 끝없이 고민하고 또 고민하며 공간을 치밀하게 기획한 점이 이렇게 성공이라는 보상으로 돌아왔다.
남들만큼의 노력과 준비에 아주 작은 나만의 고민, 즉, 나만의 한 끗을 보태자 그것이 결정적인 차별점이 되어 무한경쟁에서 비교우위를 갖추게 된 것이다.

실패를 성공으로 반전시키는 방법, 실패가 가진 진짜 힘이란 결국 실패의 경험으로부터 나만의 교훈을 찾아 성공을 향해 다시 나아가는 일이다. 어떤 종류의 성공이든 그 마지막 피날레Finale는 '한 끗'이 가져다준다.

치열한 경쟁의 시대를 살고 있는 당신에게도 당신만의 한 끗이 있기를 바란다. 아직 없다면 지금부터 고민하면 된다. 새로운 도전을 준비하고 있는 나 역시 요즈음 새로 시작하는 사업 아이템에 어떤 한 끗을 더할 수 있을지 지난 실패(또는 작은 성공)로부터 되새김질하며 찾는 중이다.

천천히 성공하는 인생이 되기를 희망한다

"하나의 음이 연주되었을 때,
그 음이 정확한지 틀린지는
그 다음 음에 달렸다."
-마일스 데이비스

요즈음 서울과 강원도 원주를 오가며 생활하고 있다. 이 글을 쓰면서 모교의 학술정보원을 이용하기 위해서다. 12년 전, 첫 책을 쓰고 첫 사업을 준비하던 그때 그 작은 원룸에서 다시 지내고 있는 것이다.

보증금 0원에 관리비 포함하여 월세 20만 원짜리 작은 원룸. 선뜻 돌아오기는 쉽지 않았다. 학창시절을 함께 했던 선후배, 동기들은 이미 가정을 이루거나 사회에서 모두 자리를 잡고 있었다. 혼자만 여기로 돌아온다는 것은 10여 년 전 아무것도 없던 그 당시로 퇴보하는 것만 같았다. 첫 사업인 우리유통을 준비하고 첫 책의 원고를 쓰던 곳으로. 저만치 가 있던 인생을 한참이나 뒤로 후퇴시킨 느낌이었다. 나만 다시 제자리로 돌아온 심정이었다.

우연의 일치겠지만 이곳으로 돌아온 이후로 좋은 일들이 일어났다. 실패에 관한 책을 쓰기 위해 '실패'를 공부하면서 '셀프 헬프'가 이뤄져 마음이 편안해졌다. 절대 끝나지 않을 것 같던 팬데믹의 악몽도 봄이 오면서 끝이 보이기 시작했다.

더군다나 이 원룸에서 남쪽으로 5분 거리에는 『토지』를 쓰신 박경리 선생의 생가 겸 뮤지엄이 있고 북쪽으로 5분 거리에는 아시아인 최초로 프리미어리그에서 득점왕을 해낸 '손흥민'의 모교가 있다. 왠지 좋은 일이 일어날 것만 같고, 멋진 일을 해낼 수 있을 것 같은 그런 긍정의 시그널이 곳곳에 있었다.

얼마 전 원주와 서울을 오가며 꽤 의미 있는 경험을 했다. 차가 막히는 시간을 피해 보통은 자정을 넘긴 깊은 밤이나 아주 이른 새벽에 고속도로를 이용해서 서울로 간다. 서울에 있는 집까지 내비게이션에 표시되는 시간은 보통 1시간 40분 정도.
평일 새벽의 고속도로는 다른 차를 보기 힘들만큼 한산하다. 평소에는 규정 속도에 맞춰 2차로에서 운전을 하다가 피곤하면 졸음쉼터에서 쉬기도 하고 그렇게 쉬엄쉬엄 2시간 남짓 걸려 집에 도착했다.
그날은 빨리 도착해서 쉬고 싶은 마음에 빠른 속도로 운전해서 서울로 향했다. 1차로에서 온 신경을 바짝 세우고 정말 열심히 달렸다. 그런데, 서울 집에 도착한 후에 세 가지 이유로 적잖게 놀랐다.
첫째, 그렇게 힘들게 달려왔건만 정작 도착까지 걸린 시간은 내비게이션에 처음 표시되었던 도착 예정시간과 별반 다르지 않았다. 고작 10분 남짓 빠를 뿐이었다.
두 번째는 피로감이었다. 너무 긴장하고 달려온 탓인지 천천히 쉬엄쉬엄 올 때보다 몇 배는 더 힘들었다. 서울에 도착하고도 그 피로가 풀리지 않아 다음 날 일을 제대로 보기 힘들 정도였다.
세 번째는 연비였다. 규정 속도에 맞춰 정속 주행을 하며 올 때보다 기름을 정확히 1.5배는 더 사용하고 온 것이다.

이 세 가지를 깨달은 뒤로는 서울로 올라가거나 원주로 내려갈 때마다 다시 쉬엄쉬엄 원래의 페이스로 운전하게 됐다.

문득 이런 생각이 들었다. 우리 인생도 이런 것은 아닐까. 고작 10분 빨리 도착하려고 온 신경을 집중하고 잔뜩 스트레스 받으며 더 멀리 더 오래 달릴 수 있는 기름마저 허투루 허비한 것은 아닐까?

옆에서 같은 속도로 나란히 달리고 있던 차가 갑자기 빠르게 치고 나간다고 해서 나까지 조바심을 낼 필요는 없었는데 말이다. 우리는 그렇게 자신의 리듬을 잊고 떠밀리듯 억지로 목적지에 빨리 도착하고자 합리적이지도 않고 효율적이지도 못한 방법으로 삶을 사는 건 아닐까.

나만의 리듬을 찾아야 한다. 한 사람의 인생을 거대한 악보로 펼쳐 봤을 때 한 음만 내리 연주할 수는 없는 일이다. 그런 곡은 아무도 듣지 않는다. 연주하는 사람도 괴롭다. 좋은 음악에는 저음과 중저음, 고음이 골고루 필요하다. 그것을 얼마나 조화롭게 구성하느냐에 따라 명곡과 그렇지 않은 곡으로 나뉜다. 한 음만 내리 연주하는 사람과 여러 음을 골고루 조화롭게 연주할 수 있는 사람의 차이는 우리의 긴 인생을 행복하게도, 불행하게도 만든다. 기회와 유혹을 구분하는 것도 중요한 일이다. 갈 수 있다고 모두 길은 아니니까.

그러면 도대체 그 추상적으로만 들리는 '인생리듬'이라는 것을 어떻게 찾고 어떻게 다뤄야 한단 말인가?

나는 그것을 '결단'과 '선택'을 구별하는 데에서 시작한다고 여긴다. 선택을 해야 하는 순간이 있는가 하면 결단이 필요한 때가 있다.

선택은 자신에게 주어진 것 중에서 고르는 것이고, 결단은 자신이 직접 인생의 선택지를 늘려가는 행위를 말한다.

적절한 타이밍에 좋은 결단을 내리려면 자신의 진짜 얼굴과 인생을 정면으로 마주하는 용기가 전제되어야 한다. 그리고 희망이 보일 때 그것에 온 몸을 내던질 수 있는 자신에 대한 믿음도 함께 필요하다.

꿈과 현실 사이의 적절한 균형을 익히고, 나만이 내 인생을 바꿀 수 있다는 확신을 통해 나아가야 할 때와 물러설 때를 정확히 인지하는 것이다. 그것이 나만의 리듬이요 더 좋은 음색을 내기 위한 연주다.

시대를 너무 앞서가서도 안 되고 뒤쳐져서도 안 된다. 자신의 내면에서 뭔지 모를 목마름 같은 게 느껴진다고 하여 당장 갈증을 해소하려 하다가는 결국 시간에 압도당하기 마련이다.

기다려야 한다. 때로 멀리뛰기 위해서는 일단 뒤로 물러설 때도 있다는 것을 즐겁게 받아들여야 한다. 인간은 모두 실수하기 쉬운 동물이라는 지극히 자연스러운 사실을 인정하고 '도전의 실패'와 '인생의 실패'를 정확히 구분해야 한다.

작은 실패에 연연하지 않고 "칼은 부러졌지만 끝이 아니다. 아직 손잡이가 남아있다"(영화 〈킹덤 오브 헤븐〉 속의 대사)는 마음가짐으로 "생명이 있는 한 희망이 있다"는 윌리엄 셰익스피어의 말을 전적으로 신뢰해야 한다.

오랜 시간 도서관에서 성공과 실패에 관한 책을 찾고 실존 인물의 사례를 보며 한 가지 깨달은 점이 있다. 성공하는 사람들은 공통적으로 성공한 이후에도 끊임없이 의심하고 질문하고 성찰했다는 것이다. 즉, 그들은 실패를 마주하고 극복하는 자세로 성공을 겸손하게 마주했다는 점이다. 성공의 한가운데에서도 그것에 취하지 않고 자신만의 리듬과 음색을 잃지 않은 것이다.

나이만 갓 성인이 되어 아직 미완성의 존재일 때, 나는 스스로를 범상치 않은 인물이라 과대평가했고 이른 나이에 큰 성공을 이룰 사람이라고 생각했다. 그렇게 되기를 간절히 바랐다.

하지만 지금은 아니다. 잠깐 반짝하는 슈퍼루키보다 롱런하는 대기만성大器晩成의 그릇이 되길 희망한다.

수많은 실패와 그로부터 얻은 경험과 지혜가 축적되길 바란다.

비록 느리지만 천천히 성공하는 인생이 될 수 있기를 희망하고 있다. 이것이 내가 찾아낸 나만의 리듬과 음색이다.

실패에 대해 점차 초연해지고 성공할 것이라는 확신을 잃지 않은 채. 그렇게 최대한 천천히, 아주 늦게, 성공했으면 한다.

귀한 시간을 들여 이 글을 읽고 있는 당신의 인생에도 간절히 기원한다. 도전과 모험을 앞둔 사람이든, 이미 크고 작은 실패를 경험한 사람이든, 혹은 매우 큰 성공을 거둔 사람이든. 어쨌든 아직은 당신 인생의 가장 큰 성공은 오지 않았기를 말이다.

나만의 리듬 찾기

모든 사람에게 주어진 운이 동등하다는 전제하에 당신은 각 연령대별로 A-G까지 어떻게 연결하고 싶은가?

20대 ·   · A. 처참하게 실패한다

30대 ·   · B. 꽤 실패한다

40대 ·   · C. 조금 실패한다

50대 ·   · D. 실패도, 성공도 아니다

60대 ·   · E. 조금 성공한다

70대 ·   · F. 꽤 성공한다

80대 ·   · G. 눈부시게 성공한다

(TIP) 결국 더하고 빼면 0이 된다

닫는 글

이 글은 순전히 실패만 했던 '프로실패러'의 이야기였습니다. 실패 뒤에 그걸 극복하고 더 크게 성공했다고 해야 텍스트로써 완결성이 생기고 이야기에도 설득력이 있을지 모르겠습니다만, 그렇다고 없는 사실로 거짓 해피엔딩을 만들 수는 없는 노릇입니다.

대신, 조금 낯부끄럽고 쪽팔리는 일이지만, 실패했던 일들에 대해서만큼은 누구보다 솔직하고 진솔하게 이야기했다고 자부합니다. 이 이야기가 누군가에게 성공을 보장해 주지는 않겠지만, 최소한 같은 이유로 똑같은 실패를 하지는 않도록 최선을 다했습니다. 이런 나의 의도가 잘 전달되었길 바랍니다.

회사에서 함께 고생해준 예전 직원들, 지금 어딘가에서 생각보다 삶이 녹록지 않다고 느끼고 있을 친구들과 후배들. 그리고 지난여름 결혼하여 한 아이의 부모로서 진짜 어른의 무게와 책임을 가지고 매일 힘겹게 출근하는 동생까지.

네, 제가 가장 사랑하는 이들을 생각하며 이 글을 썼습니다.

우리 모두 조금 덜 실패하고 때론 그 작은 실패로부터 더 많이

배우고 그렇게 천천히 그러나 꾸준히 더 성장하면 좋겠습니다.

그것이 실패가 주는 진짜 힘. '실패의 실력' 아닐까요?

별책부록

How to Overcome Failure
=
A. N. O. R. D.

실패·위기·좌절을 극복하는
5가지 단계

Stanford University(스탠퍼드 대학교), The Wharton School, University of Pennsylvania(유펜 와튼 및 와튼스쿨), The University of Michigan(미시간 대학교), University of California, Berkeley(UC 버클리 대학교), Goldsmiths, University of London(골드스미스 런던대학교), Pratt Institute(프랫 예술 대학교)에서 했던 강연을 최대한 원문에 가깝게 정리했다.

도전과 실패를 무던히도 반복하면서 나만의 실패 극복 방법을 최대한 보편적일 수 있도록 정리한 콘텐츠다. 해외 명문 대학교 학생들뿐만 아니라 나이와 성별, 직업과 상황에 구애받지 않고 모두에게 추천하고 싶은 '실패·위기·좌절'을 극복하는 방법이다.

1 Aim High
목표를 높게 설정하라

스물세 살이었던 나는 비행기 표만 가진 채 지구 반대편에 있는 영국 런던으로 향했다. 거창한 계획 같은 건 없었다. 그저 '6개월 정도 잔뜩 고생해 보다 돌아오자'라는 생각이 다였다.

무작정 도착한 런던. 우선 한인 게스트하우스에서 일하며 숙식을 해결했다. 교통사고를 당한 친구를 대신해 첼시라는 지역에서 환경미화원을 했고, 영국 전통 펍에서 매니저로도 일했다. 한식당에서 무급에 가까운 급여로 접시닦이와 서빙을 하며 단체 관광 오는 중국인들을 데리고 길 안내하는 '깃발돌이'도 했다. 단 하루도 쉬는 날 없이 매일 일했다.

당시 그런 생활을 버틸 수 있게 해준 것은 민박집 손님들이 두고 간 '유럽 여행 가이드북' 덕분이었다. 같은 또래의 친구들이 유럽 배낭여행객 신분으로 매일 밤마다 게스트하우스의 거실에서 여행 이야기를 하는 모습을 보면 대단해 보였고 부러웠다.

"나도 언젠가, 반드시. 당신들보다 더 멋진 여행을 하겠어."

작은 꿈이 생긴 것이다. 세계여행을 떠나겠다고. 마침 쥘 베른의 소설 『80일간의 세계일주』도 런던에서 출발했으니 잘 됐다고 그렇게 목표를 세웠다. 민박집 머슴살이나 하면서 무임금으로 알바나 하는 주제에 세계여행이라니. 그렇지만 꿈은 그 자체로써 완성형이었고 소중했다. 상상만으로도 가슴이 뛰고 즐거웠다. 그렇게 6개월간 일하면서 받은 팁들을 꾸준히 모으다 보니 꽤 큰돈이 모였다. 그 돈으로 꿈에도 그리던 세계여행을 시작했다. 유럽에서 시작해 북미, 중남미, 남미, 아프리카, 중동, 동유럽을 거친 6개월간의 여행이었다.

높은 목표 설정은 강한 동기부여가 된다. 힘든 시간을 견디게 해준다. '책을 쓰고 베스트셀러 작가가 되고 싶다. 글로벌 사업을 하고 싶다. 세계에서 가장 돈이 많은 사람을 만나보고 싶다. 내 회사 광고를 뉴욕에서 가장 주목받는 전광판에서 하고 싶다.' 이후 이어진 나의 'Aim High' 리스트는 모든 도전의 시작 버튼이자 원동력이 되었다.

2 Ninety Nine
99:1의 확률에도 계속 두드려라

세계여행을 마치고 한국으로 돌아온 나는, 허공에 떠있던 마음을 가라앉히지 못하고 1년간의 여행기를 썼다. 일단 초고를 다 쓴 뒤 인터넷으로 출판사를 찾아 투고하기 시작했다. 금방 책이 나올 거라고 꿈에 부풀어서.

당연히 쉽게 받아들여질 줄 알았던 원고는 계속 거절당했다. 아직 익숙하지 않은 실패에 당황했다. 원고가 미흡한가 하는 생각에 수정하고 보충하기를 반복했다. 그럼에도 불구하고 2년간 216곳의 출판사에서 매일 거절을 당했다.

같은 시기에 나는 취업 대신 창업을 선택했다. 글에 빠져 있는 사이에 허비한 시간들 때문에 이미 온갖 스펙으로 무장한 또래 친구들과 취업전쟁에서 이길 수 없음을 직감했기 때문이다. 우리유통. 농축산물 유통 및 특판업이었다. 전국의 생산자들을 찾아 그들에게 특산품을 계약하고, 카탈로그를 만들어 명절이나 기념일에 대기업과 관공서에 직원 선물로 제안하는 일이었다.

출판사에서 거절을 당하듯, 거의 비슷한 횟수로 카탈로그를 들고 찾아갔던 기업과 관공서에서 거절당했다. 출판사는 정중한 사양이라도 했지, 이쪽은 대놓고 잡상인 취급이었다. 그렇게 또 2년이 흘렀다.

모든 걸 포기하려던 찰나에 한 출판사의 편집자로부터 장문의 편지가 왔다. 내가 쓴 글이 가진 문제점을 지적해 주고 앞으로 나아가야 할 길을 제시해 준 것이다. 그 조언을 새겨듣고 처음부터 다시 원고를 썼다. 그리고 이듬해 5월에 책으로 출간됐다.

책의 출간 직후에도 크게 낙담할 일이 생겼다. 대형 출판사라면 당연히 홍보까지 확실하게 해줄 줄 알았는데 책의 판매는 편집 팀과는 별개인 마케팅 부서에서 담당하는 일이었고, 그들은 신인 저자인 내 책의 예상 판매량을 매우 낮게 설정했다.

"아, 그래요? 알겠습니다. 그럼 뭐, 제가 홍보할게요."

전국의 모든 일간지와 주간지, 신간소개 코너가 있는 라디오 프로그램과 TV 프로그램의 담당자들에게 연락을 취했다. 지역 신문과 국방일보 같은 곳부터 각 대학교의 학보사, 신문사까지 400여 곳의 리스트를 만들어 이메일을 보내거나 전화를 했다. 물론, 대부분 거절이었다. 그러나 거듭되는 실패 속에서 나는 분명히 '성장'하고 있었다.

처음으로 연락이 온 곳은 <메트로 신문>이었다. 무가지로 길에서 제공되던 메트로 신문은 대중교통을 이용하는 사람들에게 소소한 재미를 주기에 파급력이 적지 않은 매체였다. 그때는 스마트폰이 없었기에 더욱 그랬다. 전철 안에서 활자 신문을 보고 있는 사람들을 볼 수 있었던 마지막 시기였다.

담당 기자는 "젊은 사람이 이렇게 열정적인 모습은 처음 본다"며 기회를 줬다. 신간 소개가 아니라 아예 '특집 기사'를 실어준 것이다. 이후에 서울신문과 아시아경제, 한국교통방송(TBS) 등등에서 신간소개와 저자 인터뷰를 실어줬고, 덕분에 책은 출판사의 기대치를 웃도는 판매를 하게 되었다. 교보문고 광화문 본점에서 저자 사인회를 열 정도였으니까.

당신은 무언가를 위해서, 혹은 그것을 해내기 위해서 평균 몇 번 정도의 좌절과 실패와 거절을 당해봤는가?
당신은 좌절을 겪을 때마다 위축되고 나약해지는 사람인가? 아니면 '끝까지 한 번 해보자!'라고 다짐하며 강해지는 타입인가?
나는 당신이 후자이기를, 혹은 지금부터라도 후자가 되기를 강권한다. 100전 99패에 단 1승일지라도 아니, 100전 100패를 한다 해도 길고 긴 당신의 인생에서 그러한 일은 분명 당신을 성장시킬 것이다. 즉 당신의 실력은 확실하게 '우상향' 하는 것이다. 그러니 문을 두드려라. 두드리고 또 두드려라. 열릴 때까지.

3 Open the Door
문을 활짝 열어라

거대한 벽으로만 느껴지던 문을 포기하지 않고 계속 두드려 기어코 그 문을 열었다면, 그때부터는 이전과 완전히 다른 새로운 세상이 펼쳐진다. 동시에 당신에게도 큰 변화가 생긴다. 자신도 모르는 사이에 레벨업 되었기 때문이다.

216곳의 출판사에서 2년간 거절당한 끝에 책이 출간되었고 베스트셀러가 되었다. 내 삶은 그 문이 열리자 새로운 길과 기회가 무한갈래로 펼쳐지기 시작했다.
생뚱맞게 출간 준비와 동시기에 시작했던 사업이 자리를 잡아가기 시작했다. 내가 쓴 책이 나라는 사람, 내가 하는 일을 확인해 주는 일종의 '보증서' 역할을 해준 덕분이었다. 이전에 카탈로그를 들고 찾아갔던 대기업 담당자로부터 나에 관한 기사를 봤다며 한 번 만나보자는 연락이 왔다. 그 기회를 놓치지 않았다. 책이 출간된 바로 그해 가을 추석 시즌, 그렇게 첫 매출을 시작으로 단골 기업과 기관을 확보했다. 이후 사업은 순항했다.

TV 프로그램과 라디오 프로그램 출연을 계기로 사회 각계각층의 다양한 사람들과 교류할 수 있었다. 동시에 중소기업청, 벤처기업협회, 중소기업기술혁신협회가 공동 주최하는 'YES리더 기업가정신'이라는 곳을 통해 'YES리더(창업가)'로 위촉하고 싶다며 첫 특강 요청을 해왔다. 영광이라 생각하고 300여 곳의 대학교, 고등학교, 때로는 시골의 작은 초등학교까지 전국 곳곳에 안 가본 지역이 없을 정도로 다녔다. 그리고 해외의 명문 대학교 학생들로부터 초청받게 되었다. 전 세계의 내로라하는 수재들이 모여 있는 곳에서 그들의 강단 위에 섰다. 고작 27살 전후의 일이다. 심지어 그때 나는 대학교 졸업도 하지 않은 상태였다.

일단 문을 열고나자, 상상조차 할 수 없었던 새로운 기회들과 세상이 열린 것이다. 이쯤 되면 당신도 한 번 문을 열어보고 싶지 않은가?

4 Role Model & Reading
롤 모델과 책을 곁에 둬라

맨손으로 문을 두드리다가는 손을 다칠 수 있다. 꽤 아프다. 후유증도 오래갈 수 있다. 그래서 왼손과 오른손에 낄 장갑을 준비했다. '롤 모델'과 '독서'라는 따뜻하고 단단한 장갑이다.

한 취업 포털사이트의 직장인 대상 설문조사에 따르면, 응답자의 89%가 인생의 롤 모델과 멘토를 원하지만 롤 모델이 있다고 대답한 비율은 그 절반도 안 된다고 한다. 매년 조사 때마다 롤 모델로 꼽히는 사람은 주로 유재석, 윤여정, 백종원, 신동엽 등이다. 한 사람 한 사람이 자기 분야에서 큰 업적을 이루고 인품도 훌륭한 대단히 존경스러운 분들이다. 하지만 이 사람들을 롤 모델로 삼는 것은 내가 제안하는 것과는 기준이 다르다.

롤 모델은 자신과 가까이에 있는 사람이어야 한다. 물리적 심리적으로 가까이에 있는 사람이어야 한다는 것이 첫 번째 전제조건이다. 그 사람이 얼마나 성공했는지 혹은 막대한 부를 얻었는지는 선정 기준이 아니다. 지금 내가 하는 일, 내가 하고자 하는 일을 나보다 먼저 시작했거나 조금 더 잘 하는 사람이면 충분하다. 나이와도 무관하다. 오히려 실패를 경험한 사람이라면 더더욱 훌륭한 롤 모델이 될 수 있다. 타인의 실패를 간접경험하며 대리 학습하는 것만큼 '가성비' 좋은 인생경험은 없다.

내 첫 롤 모델은 '위자드 웍스'의 표철민 대표였다. 동갑이었던 그는 내가 하고 있는 도전(사업, 책 출간, 강연)을 늘 나보다 한 발 앞서서 하고 있던 사람이었기에 강한 동기부여가 되었다. 겉으로는 박수치며 응원했지만 속으로는 칼을 갈며 '조금만 기다려. 내가 당신보다 더 멋지게 잘 해낼 테니' 하는 건강한 경쟁의식과 다짐도 함께였다.

30대가 된 이후 롤 모델은 '플리토'의 이정수 대표였다. 벤처기업을 운영하기 시작하자 이런저런 행사와 네트워크 파티가 많았고 다른 스타트업 대표들과 교류가 잦았다. 기분 탓인가? 유독 '이 사람 사기꾼인가?' 싶은 사람들이 많은 그쪽 업계에서 가장 '진짜배기' 인물이었다. 늘 유쾌하고 관대한 모습을 한 그의 도전과 리더십은 나에게 위도이자 경도가 되었다. 언젠가는 꼭 뛰어넘고 싶은, 최고의 롤 모델이었다.

자, 이제 당신이 주변을 천천히 둘러볼 차례다.

당신이 하고 있는 일, 하고 싶은 일을 당신보다 더 먼저 시작했거나 조금이라도 더 잘하고 있는 사람. 찾기 어렵지 않을 것이다. 그 사람을 이정표로 삼아 하나부터 열까지 그 사람의 강점은 보고 배우고, 약점은 보완해 보자.

다른 한 손에 쥘 장갑은 독서다. 신문과 책만이 정보 전달의 유일한 수단이었던 과거와는 세상이 달라졌다. 삶의 경험과 지혜는 인터넷과 유튜브를 통해서도 충분히 채우고도 남을 만큼 넘쳐난다.

그럼에도 불구하고 단연코 독서를 강권한다. 그중에서도 '고전'을 추천한다. 최소 수십 년에서 수백 년까지. 기나 긴 세월 동안, 그 사이 세상이 몇 번이나 뒤집어지고 바뀌고도 살아남은 우리 인류의 가장 소중한 유산이자 보물이다.

이런 표현이 허락될지 모르겠지만 한두 해 유행을 좇아 잠깐 반짝하는 베스트셀러, 경제·경영서는 패스트푸드와 같다. 독자에게 언뜻 시대의 흐름을 잘 좇고있다는 착각을 일으키고 독자 본인도 부자가 될 것이라는 환상을 갖게 되지만 몇 개월만 지나면 아무짝에 쓸모 없어진다. 그러니 책 표지에 '경제적 자유를 얻는 법', '부를 축적하는 법', '부자가 되는 법', '당신도 부자가 될 수 있다' 따위의 허접한 문구가 쓰여 있다면 그런 책은 무조건 걸러라.

하버드 대학교와 서울대학교, 연세대학교, 케임브리지 대학교에서 권장하는 '대학생 필독 도서' 목록을 취합하여 그중 200권의 책을 추렸다. 강연을 듣는 학생들에게 늘 이 리스트를 나눠줬다. 그들이 그 프린트를 버렸는지, 아직도 소중히 가지고 있는지는 모르겠지만. 내가 줄 수 있는 최상의 선물이었다. 당신의 손에 꼭 맞는 장갑이기를 바라며 해당 리스트를 100권으로 추려서 이 책에도 첨부했다.

『추천 도서 100권』

한국문학 8
무정 이광수
삼대 염상섭
하늘과 바람과 별과 시 윤동주
김수영 전집(1,2권) 김수영
토지 박경리
광장 최인훈
구운몽 김만중
열하일기 박지원

서양문학 5
오뒷세이아 호메로스
변신 이야기 오비디우스
신곡 단테
데카메론 조반니 보카치오
돈키호테 미겔 데 세르반테스

영미문학 12
셰익스피어 4대 비극 윌리엄 셰익스피어
오만과 편견 제인 오스틴
제인 에어 샬럿 브론테

모비딕 허먼 멜빌
위대한 유산 찰스 디킨스
허클베리 핀의 모험 마크 트웨인
노인과 바다 어니스트 헤밍웨이
암흑의 핵심 조셉 콘래드
젊은 예술가의 초상 제임스 조이스
소리와 분노 윌리엄 포크너
기나긴 이별 레이먼드 챈들러
1984 조지오웰

독일 문학 4
파우스트 요한 볼프강 폰 괴테
변신 프란츠 카프카
마의 산 토마스 만
황야의 늑대 헤르만 헤세

프랑스 문학 6
타르튀프 몰리에르
적과 흑 스탕달
고리오 영감 오노레 드 발자크
보바리 부인 귀스타브 플로베르

리스트 출처
하버드대학교 도서관 library.harvard.edu
펜실베이니아 대학교 와튼 도서관 library.upenn.edu
서울대학교 중앙도서관 lib.snu.ac.kr
연세대학교 학술문화처 https://library.yonsei.ac.kr

5 Do it
행동하라

"했던 일에 대한 후회는 시간이 갈수록 줄어들지만
하지 않은 일에 대한 후회는 시간이 갈수록 커져간다."

A.N.O.R.D.의 마지막 D는 행동하는 것이다. 남들이 허황되다고 비웃든지 말든지, 상상하는 것만으로도 가슴이 벅찰 정도로 멋진 나만의 꿈과 목표를 세운다. 따뜻하고 단단한 나만의 장갑을 양 손에 착용하고 문이 열릴 때까지 두드려 볼 준비가 됐다면, 이제 행동하는 일만 남았다.

우리 가슴을 뛰게 하는 건 보물(성공)이 아니라, 보물을 찾는 모험이라는 것. 과정 그 자체의 소중함을 깨닫고 즐길 수 있게 될 때, 어떠한 시련과 좌절과 고난과 실패를 경험하더라도, 당신은 담담히 받아들이고 지나갈 수 있게 된다.

누구도 당신의 삶을 대신 살아주지 않는다. 눈곱만큼도 책임져주지 않는다. 실패를 극복하는 가장 좋은 방법은 다시 시작하는 것이다. 매 순간의 실패로 인해 지금은 남보다 뒤쳐진 것 같고 인생이 뒤로 퇴보한 것 같겠지만, 사실 당신은 강해지고 있을 뿐이다. 그동안 분명히 성장해왔고, 성장하고 있는 중이고, 앞으로 더욱 좋은 사람으로 성장할 것이다. 행동하라.

좌절하지 않고 포기하지 않고
성장에 이르게 하는 힘
실패의 실력

초판 1쇄 발행 2022년 9월 1일

지은이 홍선기

펴낸이 박선영
디자인 이다혜
교정·교열 안지선
마케팅 이경희
제작 신우인쇄

펴낸 곳 의미와 재미
출판신고 2019년 1월 30일 제2019-000034호
주소 서울특별시 서초구 방배천로18길 11, 106-1704
전화 02-6015-8381 **팩스** 02-6015-8380
이메일 book@meannfun.com
홈페이지 www.meannfun.com

ⓒ홍선기, 2022

ISBN 979-11-978972-1-4(03190)